El Anticristo

Maldición sobre el Cristianismo

Título original en español: *Der Antichrist. Fluch auf das Christentum*
© 2011. De la traducción, Carlos Vergara
© 2024. De la introducción, Germán Cano
© 2024. De esta edición, Editorial EDAF, S. L. U.
Todos los derechos reservados

Diseño de colección: Manuel García Pallarés

Editorial EDAF, S.L.U.
Jorge Juan, 68. 28009 Madrid
Tfno: (34) 914358260. http://www.edaf.net
edaf@edaf.net

Ediciones Algaba, S.A. de C.V.
Colonia Belisario Domínguez, calle 21, Poniente 3323. Entre la 33 sur y la 35
sur Puebla, 72180, México.
Tfno.: 52 22 22 11 13 87
jaime.breton@edaf.com.mx

Edaf del Plata, S.A.
Chile, 2222
1227 Buenos Aires, Argentina
Telf: +54114308-5222/+54116784-9516
edafdelplata@gmail.com
fernando.barredo@edaf.com.mx

Edaf Chile, S.A.
Huérfanos 1179 - Oficina 501
Santiago - Chile
comercialedafchile@edafchile.cl
Telf: +56944680539/+56944680597

Febrero de 2024
ISBN: 978-84-414-4288-7
Depósito legal: M-550-2024

Impreso en España / Printed in Spain
Gráficas Cofás. Pol. Ind. Prado Regordoño. Móstoles (Madrid)
Papel 100 % procedente de bosques gestionados de acuerdo con criterios de
sostenibilidad

El Anticristo

Maldición sobre el Cristianismo

Friederich Nietzsche

Introducción de Germán Cano Cuenca

MADRID — MÉXICO — BUENOS AIRES — SANTIAGO

2024

Índice

El Anticristo.
Maldición contra el Cristianismo

Sobre Friedrich Nietzsche y su obra

Friedrich Wilhelm Nietzsche (Röcken, 1844-Weimar, 1900) fue un filósofo, poeta, músico y filólogo alemán, cuya obra ha ejercido una profunda influencia en el pensamiento europeo y en la cultura occidental, y como tal ha sido reconocido como figura significativa en la filosofía contemporánea, sobre todo a partir de la segunda mitad del siglo xx. En especial dejó su huella en los filósofos existencialistas, teóricos críticos, fenomenológicos, postestructuralistas y posmodernos, así como en la sociología de Max Weber.

Su talento creador está definido por su particular estilo y la sutileza al escribir. De hecho su cosmovisión ha sido capaz de dar una vuelta a la organización del pensamiento del siglo xx, de tal forma que llega hasta pensadores de la talla de Martin Heidegger, Michel Foucault, Jacques Derrida, Gilles Deleuze, Georges Bataille, Gianni Vattimo o Michel Onfray, entre otros.

Es considerado uno de los tres «maestros de la sospecha» (según la conocida expresión de Paul Ricoeur), junto a Karl Marx y Sigmund Freud.

La temática escogida en su trabajo intelectual fue muy diversa, con disciplinas tan distintas como el arte, la filología, la música, la historia, la religión y la ciencia. Precisamente *La genealogía de la moral* (*Zur Genealogie der Moral*, 1887), escrita para puntualizar y suplementar su libro anterior *Más allá del bien y del mal*, es una crítica de la cultura, la religión y la filosofía occidental mediante la genealogía de los conceptos que las conforman, basada en el análisis de las actitudes morales (positivas y negativas) hacia la vida.

Entre su prolífica y numerosa obra *Götzen-Dämmerung oder: Wie man mit dem Hammer Philosophiert*, escrita en 1888 y publicada en 1889, fue traducida de dos formas distintas: *El ocaso de los ídolos o Cómo se filosofa a martillazos*, y *El crepúsculo de los ídolos, o cómo se filosofa con el martillo*, obra en la que los ídolos definidos como tales durante diecinueve siglos, se ven muy cuestionados por el escritor.

Cronología

Friedrich Nietzsche y su tiempo

1844   15 de octubre. Nacimiento de Nietzsche en Röcken.

1849   Muerte de su padre, que era un pastor protestante.

1858-1864   Estudios secundarios en la Escuela de Pforta, donde recibe una sólida formación humanística. Influencia decisiva de Steinhart, el gran traductor de Platón. Comienza a leer a Schopenhauer. Estudiante de Teología y Filología clásica en la Universidad de Bonn.

1865   Estudios de Filología clásica con Ritschl en Leipzig. Publica sus primeros trabajos filológicos: «La rivalidad de Homero y Hesíodo», «Los catálogos antiguos de las obras de Aristóteles», entre otros.

1866   Lee la *Historia del materialismo*, de F. A. Lange, de la que extrajo un gran interés por Demócrito. Durante esta época se embebe de la filosofía schopenhaueriana.

1867   Conoce a E. Rohde, con el que entabla una profunda amistad.

1868   Conoce a Richard Wagner y dice de él en una carta: «Me gusta en Wagner lo que me gusta en Schopenhauer: el aire ético, el aroma fáustico, la cruz, la muerte y el túmulo, etc.». Lee el *Kant* de K. Fischer. De esta obra y de la de Lange extrae sus posiciones crítico-epistemológicas, según las cuales la vida no se puede reducir completamente por el entendimiento.

1869   Es nombrado catedrático extraordinario de Lengua y Literatura Griega en la Universidad de Basilea. Lección inaugural sobre «Homero y la filología clásica». Es colega de Bachofen, el estudioso del matriarcado, y de Burckhardt, al que admiró profundamente a lo largo de su vida. Da clases en la universidad sobre la lírica griega y las *Coéforas* de Esquilo y lee en el Instituto el *Fedón* de Platón y un canto de la *Ilíada* de Homero.

1870   Participa en la guerra franco-alemana como enfermero voluntario. Llega a Basilea el que será el gran amigo de Nietzsche, el teólogo F. Overbeck.

1871   Intenta conseguir una cátedra de Filosofía sin resultado. Publica *El nacimiento de la tragedia en el espíritu de la música*, que recibe fuertes críticas de los filólogos académicos, especialmente de Wilamowitz, del que lo defiende su amigo Rohde.

1872   Cinco conferencias «Sobre el porvenir de nuestros centros de enseñanza».

1873-1876 Durante estos años enseñó filosofía antigua fundamentándola filológicamente: explica los filósofos presocráticos, la retórica antigua, el *Edipo rey* de Sófocles. Las cuatro *Consideraciones intempestivas* («David Friedrich Strauss», «Sobre el provecho y el inconveniente de la historia para la vida», «Schopenhauer como educador», «Richard Wagner en Bayreuth»).

1878   Ruptura definitiva con Wagner. *Humano, demasiado humano*, 1.a parte.

1879-1880   *El viajero y su sombra* (2.a parte de *Humano, demasiado humano*). Abandona su cátedra de Basilea y toda labor docente iniciando sus años de «filósofo errante». Su salud empeora de manera alarmante. A partir de ahora se retira a lugares apartados donde, en la soledad, se fraguarán sus más grandes obras.
Mueren Miguel de Cervantes (1547-1616) y William Shakespeare (1564-16116).

1880   Principio de su estancia en Italia. Prepara los manuscritos de *Aurora*. Con el compositor Peter Gast, en Venecia.

1881   Estancia en Sils-Maria. La montaña y el mar como estímulos paisajísticos. Descubre la obra de Spinoza. Se publica *Aurora*.

1882   Conoce a Lou A. Salomé, que rechazará por dos veces su oferta de matrimonio. El misterioso viaje con Lou a la isla del Monte Sacro en el lago de Orta. *La gaya ciencia*.

1883-1884   Muerte de Wagner. Condena del antisemitismo. *Así* *habló Zaratustra.* ¿Poema sinfónico? ¿Libro sagrado, filosófico, poético? Las dos claves: el superhombre y el eterno retorno.

1885-1886   El «preludio de una filosofía del futuro»: *Más allá del bien y del mal.*

1887   La genealogía de la moral: bueno/malo, crítica de la culpa y de los ideales ascéticos. Correspondencia con Strindberg.
Comienza a leer a Dostoievski, uno de los teóricos del nihilismo y un fino psicólogo de las profundidades del alma.
Primeros esbozos de *La voluntad de poder.*

1888   G. Brandes da cursos con gran éxito sobre la obra de Nietzsche en Copenhague.
Los grandes escritos polémicos: *El caso Wagner* y *Nietzsche contra Wagner*: crítica del romanticismo y del arte como salvación. *Ditirambos de Dionisos* (poemas). *El crepúsculo de los ídolos. El Anticristo*: una crítica del cristianismo. *Ecce Homo* (autobiografía).
Últimos escritos inéditos, cuya arbitraria ordenación por su hermana dio lugar al libro *La voluntad de poder.*

1889   Enero: la crisis de Turín: escribe las «cartas de la locura», firmadas por «Anticristo», «Dionisos» o «El Crucificado». Es internado en una clínica de Basilea con el diagnóstico de «reblandecimiento cerebral»: ¿parálisis progresiva debido a la sífilis?

1890-1897   Permanece con su madre en Naumburg. Fundación

por la hermana de un «Archivo Nietzsche».
Lento hundimiento en la apatía total.

1897-1900   En Weimar con su hermana.

1900   25 de agosto. Fallece en Weimar, a la hora del mediodía. Las honras fúnebres se celebraron el 27 de agosto y el entierro el 28 de agosto, en la tumba familiar de Röcken.

Introducción

Independientemente de su indudable valor intrínseco, *El Anticristo* ha sido en todas las épocas una de las obras más conocidas y leídas de Nietzsche. Precisamente por ello también una de las más malentendidas o vilipendiadas. No cabe duda de que esa imagen excéntrica de Nietzsche como «Anticristo», siniestra y con un cierto toque violento, es la que mejor ha definido a este pensador desde el punto de vista del público de masas. Llama la atención comprobar el hecho de que cuanto más se avanza hacia los últimos libros de Nietzsche, la crítica del cristianismo se hace cada vez más insistente, casi obsesiva, incluso llega a adquirir un tono grandilocuente muy distinto de la deliberada mesura de obras anteriores.

De hecho, en un principio, *El Anticristo* formaba parte, junto con la obra *El crepúsculo de los ídolos*, de un ambicioso proyecto inicialmente titulado *La voluntad de poder*. Sin embargo, poco después, abandona esta intención para centrarse en otro empeño tampoco llevado a buen puerto, *La transmutación de todos los valores*. El primer libro de esta obra llevaba como título *El Anticristo. Intento de una crítica del cristianismo*[1]. Es así como *El Anticristo*, originariamente

---

[1] Los otros títulos eran «El inmoralista», «Nosotros los que decimos sí» y «Dionisos», como se observa en el fragmento VIII, 22 [14]. También es interesante a

17

primer libro de un proyecto más amplio, se transforma poco a poco en un escrito independiente. Es a finales de noviembre de 1888 cuando Nietzsche cambia de parecer, como lo atestiguan las cartas a Georg Brandes (20 de noviembre) y a Paul Deussen (26 de noviembre). La crítica del cristianismo adquiere así todo el protagonismo. Paralelamente, *La transmutación de todos los valores* pasa a ser momentáneamente el subtítulo de *El Anticristo*. Más tarde, este será reemplazado por el definitivo: «Maldición contra el cristianismo» (*Fluch auf das Christenthum*). Cabe decir que, aunque el manuscrito fue finalizado por el propio Nietzsche poco antes de su derrumbamiento, el libro como tal no fue publicado hasta el año 1895 en medio de una recepción compleja. En realidad se temía que el contenido del libro causara problemas legales. En ese momento Elisabeth Nietzsche intentaba lanzar un proyecto en Paraguay, y sentía que la publicación del libro obstaculizaría el proceso. Incluso cuando *El Anticristo* finalmente apareció en 1895, cuatro pasajes, considerados demasiado provocadores, fueron censurados y modificados. De ahí que muchas ediciones cometieran graves malentendidos. La mayor parte de las primeras ediciones conservaron, incluso, el título de la *Transmutación de todos los valores*. Tuvieron que transcurrir varios años, exactamente hasta 1956, para que la edición de Karl Schlechta fuera completamente fiel al original de Nietzsche.

Todo parece indicarnos hoy que Nietzsche comienza a escribir *El Anticristo* en Sils-Maria, a primeros de septiembre de 1888 —así

---

estos efectos el fragmento VII, 22 [24]: I/«La liberación del *cristianismo*: El Anticristo; II/ La liberación de la *moral*: El inmoralista; III/La liberación de la "*verdad*": el espíritu libre; IV/La liberación del *nihilismo*: el nihilismo como consecuencia *necesaria* del *cristianismo*, de la *moral* y del *concepto de verdad* de la filosofía. El *signo* del nihilismo...».

lo testifica, por ejemplo, su fiel Peter Gast—, terminándolo poco después, seducido por la magia de Turín, a finales de este mismo mes. Poco tiempo, ciertamente, para pulir el escrito y preparar una perfecta copia en limpio dirigida a la imprenta. Así, en carta a Brandes de principios de diciembre de 1888, Nietzsche dice «Dentro de tres semanas daré órdenes para que se imprima como manuscrito *El Anticristo. Transmutación de todos los valores*; permanecerá completamente escondido; me servirá de edición para la agitación».

Aunque en vano. El hundimiento definitivo que desde 1889 hace de él —ironías del destino— un «idiota» se lo impide. La obra definitiva, irresponsablemente mutilada, solo aparecerá en 1895, después de que el 8 de enero de 1895 su fiel amigo Overbeck recogiera el manuscrito en Turín y lo seleccionara de un montón de papeles y notas desperdigadas por el suelo. Un momento terrible: su amigo Overbeck encuentra a Nietzsche llorando, en una esquina del sofá, en un estado físico tremendamente deteriorado. Si el mensaje de Cristo había sido desfigurado por su discípulo Pablo, *El Anticristo* no lo iba a ser menos. Las numerosas preocupaciones y advertencias de Nietzsche cayeron más tarde en saco roto. Ya se sabe, «El amor de un discípulo no conoce ningún azar» (AC 40).

Comparada, por ejemplo, con otro escrito dedicado a analizar el tema del cristianismo, como *Aurora*, el estilo de *El Anticristo* puede parecer, a primera vista, grandilocuente, exagerado, a veces desenfrenado y abrupto. Sobre todo incomprensible a la luz de ese tono aristocrático tan característico de Nietzsche, tan acostumbrado a las palabras cautas y a las horas silenciosas. Es más, ¿por qué en sus últimos escritos se produce este aumento paulatino del vigor polémico contra el cristianismo? ¿Síntomas de la locura incipiente que comienza a acechar al filósofo ateo *par excellence*? ¿O tal vez mero resultado del «tiempo indescriptiblemente malo de la Engadina», como sugiere su hermana? En realidad, *El Anticristo* oscila entre su afán «agitador», intempestivo con su presente, y su ubicación esotérica, «hiperbórea», más próxima a «compañeros de lucha» que a unas masas en ese momento seducidas por los cantos de sirena del socialismo y del anarquismo. Acceder a las entrañas pudendas del cristianismo significaba también comprender la poderosa influencia de esos dos «demonios».

En cualquier caso, la «dinamita» nietzscheana buscaba una confrontación *inmediata* con su presente. En un mundo crepuscular de ídolos agotados, el estilo panfletario, eminentemente guerrero de su discurso es la otra cara de una intervención polémica *en su presente* que no teme llevar el tono polémico incluso a la actualidad política más apremiante. ¿Qué era, por ejemplo, el reinado de Guillermo II sino una «sombra» más de ese Dios moribundo que se negaba obstinadamente a desaparecer? Si en sus anteriores trabajos Nietzsche bajaba de la cátedra del docto para *poder* hablar, ahora había que descender en busca del «pueblo». Zaratustra seguía sin buscar rebaños, pastores o cadáveres, pero ahora pretenderá aturdir, producir efectos, reacciones. Paralelamente a la obstinada resistencia del cristianismo, la última máscara nietzscheana, el Anticristo, obligaba a elevar el tono de voz. Así, por ejemplo, a raíz de una reseña sobre su *Zaratustra*, Nietzsche confiesa, no sin un cierto deje irónico, a Peter Gast esta posible orientación «popular» de su discurso:

«Este artículo me da valor, porque en él figura perfectamente comprendido lo único que de mí se puede comprender a primera vista, mi posición popular, a saber, mi posición con respecto al cristianismo: "*Aut Christus, aut Zaratustra*", o lo que es lo mismo: se trata del viejo y tan anunciado Anticristo. Esto es lo que ven en mi libro los lectores. Los defensores de "nuestra doctrina del salvador del mundo" se aprestan gozosamente ("ceñíos la espada del Espíritu Santo") contra Zaratustra. La batalla comienza y su final es: "si lográis vencer a Zaratustra, él será de los vuestros, y os será fiel, pues en él no hay falsedad. Si vence él, entonces habréis perdido vuestra fe. Esa es la pena que tendréis que pagar al vencedor".

Aquí, mi querido amigo, y aunque a usted le parezca risible, oí por primera vez lo que ya hace mucho tiempo sabía en mi interior: que soy uno de los más terribles enemigos del cristianismo, y que he encontrado un modo de ataque del que ni Voltaire tuvo la menor idea. Pero esto, *gracias a Dios*, no le importa a usted [...]»[2].

El libro tenía, pues, que vibrar y dar batalla en el corazón de la actualidad. Era menester un estilo claro, próximo al de las *intempestivas*. Accesible, pero concentrado. Luminoso, aunque exento de todo tipo de retórica.

No obstante, una mirada más atenta descubre que, tras las duras invectivas y su tono a veces desmesurado frente al cristianismo, está en juego la crisis de una determinada jerarquía valorativa, la metafísica. Y una tarea decisiva: la transmutación (*Umwertung*) de los valores. Afrontar *el cristianismo como problema* implicaba desbordar las fáciles soluciones y las categorías habituales; exigía una honradez difícilmente conciliable con cualquier tipo de «regreso» religioso tendente a compensar los irreversibles avances de la modernidad, aunque también con toda «superación» ingenuamente atea o «científica».

La presentación del cristianismo como un «problema psicológico» subraya esta preocupación decididamente no historicista. A diferencia de *Aurora*, una obra de tono más personal y mesurado, el retorno al problema del cristianismo en *El Anticristo* se justifica en la medida que Nietzsche no solo observa la plena vigencia de los ideales ascéticos, sino su incuestionable poder de seducción en la sociedad en crisis de finales del XIX. De ahí que el problema de la

---

[2] Sils Maria, 26 de agosto de 1883. Ya en una carta a Malwida von Meysenbug que data del 4 de abril de 1883, Nietzsche asumía ya esta figura: «¿Quiere Usted un nuevo nombre para mí? El lenguaje de la Iglesia tiene ya uno: yo soy... el Anticristo ¡No nos olvidemos de reír! [...]».

modernidad fuera inseparable de la cuestión crítica de los valores cristianos. Enfocar correctamente la cuestión de la *Umwertung*, en cualquier caso, no debía subestimar el peso histórico del cristianismo. El protagonismo que la noción de *décadence* tiene en *El Anticristo* alude a este interés.

La atmósfera pesimista que reinaba en su actualidad era, para Nietzsche, síntoma de un romanticismo que obstaculizaba con sus vapores narcóticos la auténtica dimensión del problema. Es posible que el abandono del proyecto inicial de «La transmutación» se debiera a esta obstinada supervivencia del cristianismo en los ideales del presente, una omnipresencia que acentuaba de modo trágico la propia ruptura llevada a cabo por Nietzsche. «El descubrimiento de la moral cristiana es un acontecimiento que no tiene parangón posible, una verdadera catástrofe. Quien hace luz sobre ella es una *force majeure*, un destino, —divide en dos partes la historia de la humanidad [...]. Se vive *antes* de él, se vive *después* de él...»[3].

Como el propio Nietzsche reconocerá en EH, la «psicología» del cristianismo obligaba a enfrentarse a dos difíciles escollos. Por un lado, no acelerar la decadencia y favorecer a la voluntad nihilista *reactiva* hasta el punto de *invertir* meramente el proceso. Por otro, frente a la anomia indiferente del nihilista pasivo (preludio de la postmodernidad), mantener la tensión del cristianismo como problema, a fin de no disimular toda su complejidad. Weber tomará buena nota de la situación. Por decirlo con otras palabras: que el blanco de esta obra sea el cristianismo no debe olvidar que lo que aquí está en juego es un *diagnóstico* de los valores de la modernidad.

A. En la medida en que el cristianismo todavía hoy aparece como necesario, el hombre sigue frustrado y fatalmente destinado...

---

[3] EH, «Por qué soy un destino» 8.

B. Desde otro punto de vista, no es necesario, sino extremadamente perjudicial, ya que actúa como algo atrayente y seductor, puesto que corresponde al carácter morboso de capas enteras, de tipos enteros de la humanidad actual [...]

Se tiene que distinguir entre A y B. En el caso A, el cristianismo constituye un medio de salvación, un remedio. En el caso B representa un síntoma de la misma enfermedad, aumenta la decadente [...] es entonces el instinto enfermo que actúa en *contra* de lo que está sano[4].

No obstante, aunque la crítica de *El Anticristo* asuma este difícil doble papel, el punto B va a recibir una especial atención. Para el médico cultural, existe una conciencia de la crisis de los valores como crítica cultural que supone fundamentalmente una *resistencia* ante la inmersión en la transmutación. No obstante, calificar de «difícil» la ubicación de un planteamiento filosófico que se jactaba de su prurito educador en la medida que abandonaba la tradicional dimensión pastoral —¿qué era la filosofía alemana de Kant a Hegel sino el triunfo disimulado de la teología protestante? (AC 10)— pudiera parecer un eufemismo. Nietzsche era consciente de que su nuevo *descenso al infierno* no tendría más remedio que dividir en dos partes la historia de la humanidad. Su respeto ante el ideal cristiano no se contradice con una voluntad de combate que se dirige a las raíces más profundas del problema y rechaza las ambiguas componendas.

En suma, ya se ha dicho que Nietzsche era extremadamente sensible a la subsistencia de las fuerzas del cristianismo y a su complicidad con la voluntad decadente de los ideales de su actualidad. Esa típica economía afectiva que sigue interpretando lo sensible,

---

[4] KSA XIII, 15 [61].

mundano y terrenal —esto es, el cuerpo— como lo efímero, pasajero y aparente. «Dios» no significa, por tanto, ante todo un poder religioso, sino una determinada ontología, que se formula a la vez como una determinada moral hostil a la tierra. La idea «Dios» como el vampiro de la vida. La *décadence*, por consiguiente, apunta a una deficiencia que no tiene que ver tanto con una «crisis espiritual» cuanto con la posibilidad emergente del cuerpo. La polémica con Kant y, en general, con el idealismo protestante alemán también surge en este nivel de discurso: Alemania es el país donde esta resistencia, el «freno», a la *Umwertung* ha alcanzado su cenit.

El Anticristo es por último, básicamente, un diálogo continuo con la interpretación paulina del cristianismo, así como con el intento luterano de volver a los «orígenes» del cristianismo. Para Pablo, el mundo es metafísicamente malo en cuanto sometido a potencias demoníacas, por lo que no cabe salvación posible que no pase por el estrecho acceso de la acción interior del espíritu y no rechace las luchas de la carne. A esta luz, no se olvide, de fuertes contrastes, la «redención por la muerte de Cristo» culmina inevitablemente en el continuo desprecio del hombre y del mundo. La existencia, en general, queda devaluada como no valiosa en sí. Este «pesimismo» detiene todo movimiento vital: se condena a partir de ahora a girar circularmente sobre su propia base impotente. Forzadamente tensado en la contradicción entre dios y demonio, el hombre desarrolla una «demencia» sin igual: la de encontrarse reprobable y culpable hasta resultar imposible la expiación. Esta «deuda» con Dios adquiere el inquietante rasgo de un instrumento de tortura. El hombre «capta en Dios las últimas antítesis que es capaz de encontrar para sus auténticos e insuperables instintos de animal, interpreta estos inevitables instintos naturales como una deuda impagable con Dios».

Germán Cano

El Anticristo

Maldición sobre el Cristianismo

Prólogo

Este libro pertenece a los menos; tal vez todavía no viva ninguno de ellos. Puede que sean incluso los que comprendan mi Zaratustra. ¿Qué *derecho* tendría yo a confundirme con aquellos a los que hoy se presta oídos? —Solo el pasado mañana me pertenece. Algunos nacen de manera póstuma.

Las condiciones bajo las que se me entiende, y se me entiende *por necesidad*, las conozco perfectamente. Hay que ser honrado hasta la dureza en las cosas espirituales solo para soportar mi seriedad, mi pasión. Hay que haberse ejercitado en vivir sobre las cumbres de las montañas —en ver *debajo* de sí toda esa miserable charlatanería de la política y del egoísmo de los pueblos. Hay que volverse indiferente; no se ha de preguntar nunca si la verdad es útil, si puede llegar a convertirse en una fatalidad para alguien... Una fuerte predilección para problemas que hoy nadie se atreve a afrontar; el coraje para lo *prohibido*; estar predestinado a entrar en el laberinto; una experiencia de siete soledades. Oídos nuevos para escuchar una música nueva. Ojos nuevos para vislumbrar lo más lejano. Una conciencia nueva para captar verdades que hasta hoy han permanecido mudas. Y la voluntad de economía del gran estilo: hay que conservar las propias fuerzas, el propio *entusiasmo...* El respeto y el amor a uno mismo, la libertad absoluta frente a uno mismo...

He aquí, pues, mis únicos lectores, mis auténticos lectores, los lectores que me están predestinados. ¿Qué me importa el *resto*? —El resto no es más que la humanidad —hay que superar a la humanidad en fortaleza, en *altura* de alma— en desprecio...

Friedrich Nietzsche

Mirémonos cara a cara. Somos hiperbóreos; sabemos perfectamente bien hasta qué punto vivimos aparte. «Ni por mar ni por tierra encontrarás un camino que conduzca a los hiperbóreos»; ya Píndaro supo esto, mucho antes que nosotros. Más allá del Norte, del hielo, de la muerte; *nuestra* vida, *nuestra* felicidad... Hemos descubierto la felicidad, conocemos el camino, hemos encontrado la manera de superar milenios enteros de laberinto. ¿Quién *más* la ha encontrado? ¿El hombre moderno acaso? «Estoy completamente desorientado, soy todo lo que está completamente desorientado», así se lamenta el hombre moderno... De *este* modernismo estábamos aquejados; de la paz ambigua, de la transacción cobarde, de toda la ambigüedad virtuosa del moderno sí y no. Esta tolerancia y *largeur* [amplitud] del corazón que todo lo «perdona» porque todo lo «comprende» se convierte en *sirocco* para nosotros. ¡Más vale vivir entre hielo que entre las virtudes modernas y demás vientos del Sur!... Éramos demasiado valientes, no teníamos contemplaciones para nosotros ni para los demás; pero durante largo tiempo no sabíamos encauzar nuestra valentía. Nos volvimos sombríos y se nos llamó fatalistas. *Nuestro fatum* era la plenitud, la tensión, la acumulación de las energías.

Ansiábamos el rayo y la acción; de lo que siempre más alejados nos manteníamos era de la felicidad de los débiles, de la «resignación»... Nuestro ambiente era tormentoso; la Naturaleza en que consistimos se oscurecía, *pues no teníamos un camino*. La fórmula de nuestra felicidad: un sí, un no, una recta, una *meta*...

~ 2 ~

¿Qué es bueno? Todo lo que acrecienta en el hombre el sentimiento de poder, la voluntad de poder, el poder mismo.

¿Qué es malo? Todo lo que proviene de la debilidad.

¿Qué es felicidad? La conciencia de que se *acrecienta* el poder; que queda superada una resistencia.

No contento, sino aumento de poder; *no* paz, sino guerra; *no* virtud, sino aptitud (virtud al estilo renacentista, *virtù*, virtud carente de moralina).

Los débiles y malogrados deben perecer; tal es el axioma capital de *nuestro* amor al hombre. Y hasta se les debe ayudar a perecer.

¿Qué es más perjudicial que cualquier vicio? La compasión activa con todos los débiles y malogrados; el cristianismo...

~ 3 ~

El problema que así planteo no es qué ha de reemplazar a la humanidad en la sucesión de los seres (el hombre es un *fin)*, sino qué tipo humano debe ser desarrollado, potenciado, entendido como tipo superior, más digno de vivir, más dueño de porvenir.

Este tipo humano superior se ha dado ya con harta frecuencia, pero como golpe de fortuna, excepción, nunca como algo *pretendido*. Antes al contrario, precisamente él ha sido el más temido, era casi la encarnación de lo terrible; y como producto de este temor ha sido *pretendido*, desarrollado y *alcanzado* el tipo opuesto: el animal doméstico, el hombre-rebaño, el animal enfermo «hombre»; el cristiano...

~ 4 ~

La humanidad *no* supone una evolución hacia un tipo mejor, más fuerte o más elevado, en la forma como se lo cree hoy día. El «progreso» no es más que una noción moderna, vale decir, una noción errónea. El europeo de ahora es muy inferior al europeo del Renacimiento; la evolución *no* significa en modo alguno y necesariamente acrecentamiento, elevación, potenciación.

En un sentido distinto cuajan constantemente en los más diversos puntos del globo y en el seno de las más diversas culturas, casos particulares en los que se manifiesta en efecto un *tipo superior*: un ser que en comparación con la humanidad en su conjunto viene a ser algo así como un superhombre. Tales casos excepcionales siempre han sido posibles y acaso lo serán siempre. Y linajes, pueblos enteros pueden encarnar eventualmente tal golpe de fortuna.

~ 5 ~

No es posible adornar y engalanar al cristianismo; ha librado *una guerra a muerte* contra este tipo humano *superior*, ha execrado todos los instintos básicos del mismo y extraído de dichos instintos el mal, *al* Maligno: al hombre pletórico como el hombre típicamente reprobable, como el «réprobo». El cristianismo ha encarnado la defensa de todos los débiles, bajos y malogrados; ha hecho un ideal del *repudio* de los instintos de conservación de la vida pletórica; ha echado a perder hasta la razón inherente a los hombres intelectuales más potentes, enseñando a sentir los más altos valores de la espiritualidad como pecado, extravío y *tentación*. El ejemplo más deplorable es la ruina de Pascal; quien creía que su razón estaba corrompida por el pecado original, cuando en realidad estaba corrompida por el cristianismo.

~ 6 ~

¡Espectáculo doloroso, pavoroso, el que se me ha revelado! Descorrí el velo de la *corrupción* del hombre. Esta palabra, en mis labios, está por lo menos al abrigo de *una* sospecha: la de que comporte una acusación moral contra el hombre. Está entendida —insisto en este tema— *carente de moralina*; y esto hasta el punto que para mí esta corrupción se hace más patente precisamente allí donde en forma más consciente se ha aspirado a la «virtud», a la «divinidad». Como se ve, yo entiendo la corrupción como *décadence*; sostengo que todos los valores en los que la humanidad sintetiza ahora su aspiración suprema son *valores de la décadence*.

Se me antoja corrupto el animal, la especie, el individuo que pierde sus instintos; que elige, *prefiere*, lo que no le conviene. La historia de los «sentimientos sublimes», de los «ideales de la humanidad» —y es posible que yo tenga que contarla— sería, casi, también la explicación del *porqué* de la corrupción del hombre. La vida se me aparece como instinto de crecimiento, de supervivencia, de acumulación de fuerzas, de *poder*; donde falta la voluntad de poder, aparece la decadencia. Afirmo que en todos los más altos valores de la humanidad *falta* esta voluntad; que bajo los nombres más sagrados imperan valores de la decadencia, valores *nihilistas*.

~ 7 ~

Se llama al cristianismo la religión de la *compasión*. La compasión es contraria a los efectos tónicos que acrecientan la energía del sentimiento vital; surte un efecto depresivo. Quien se compadece pierde fuerza. La compasión agrava y multiplica la pérdida de fuerza que el sufrimiento determina en la vida. El sufrimiento mismo se hace contagioso por obra de la compasión; esta es susceptible de causar una pérdida total en vida y energía vital absurdamente desproporcionada a la cantidad de la causa (el caso de la muerte del nazareno). Tal es el primer punto de vista; mas hay otro aún más importante. Si se juzga la compasión por el valor de las reacciones que suele provocar, se hace más evidente su carácter antivital. Hablando en términos generales, la compasión atenta contra la ley de la evolución, que es la ley de la *selección*. Preserva lo que debiera perecer; lucha en favor de los desheredados y condenados de la vida; por la multitud de lo malogrado de toda índole que *retiene* en la vida, da a la vida misma un aspecto sombrío y problemático. Se ha osado llamar a la compasión una virtud (en toda moral *aristocrática* se la tiene por una debilidad); se ha llegado hasta a hacer de ella *la* virtud, raíz y origen de toda virtud; claro que —y he aquí una circunstancia que siempre debe tenerse presente— desde el punto de vista de una filosofía que era nihilista, cuyo lema era la *negación de la vida*. Schopenhauer tuvo en esto razón: por la compasión de la vida se niega, se hace *más digna de ser negada*; la compasión es la *práctica* del nihilismo. Este instinto depresivo y contagioso, repito, es contrario a los instintos tendentes a la preservación y la potenciación de la vida; es como *multiplicador* de la miseria y *preservador* de todo lo miserable, un instrumento principal para el acrecentamiento de la *décadence*; ¡la compasión seduce a *la nada*!... Claro que no se dice «la nada», sino «más allá», o «Dios», o «la vida verdadera», o «nirvana, redención, bienaventuranza»... Esta retórica inocente del reino de la idiosincrasia religioso-moral aparece al momento *mucho menos inocente* si se comprende cuál es la tendencia que aquí se envuelve en el manto de las palabras sublimes: la tendencia *antivital*. Schopenhauer era un enemigo de la vida; por esto la compasión se le apareció como una virtud... Aristóteles, como es sabido, definió la compasión como un estado morboso y peligroso que convenía combatir de vez en cuando mediante una purga; entendió la tragedia como purgante. Desde el punto de vista del instinto vital, debiera buscarse, en efecto, un medio para punzar tal acumulación morbosa y peligrosa de la compasión como la representa el caso Schopenhauer (y, desgraciadamente, toda nuestra *décadence* literaria y artística, desde San Petersburgo hasta París, desde Tolstoi hasta Wagner); para que *reviente*... Nada hay tan malsano, en medio de nuestro modernismo malsano, como la compasión cristiana. Ser en este caso médico, mostrarse implacable, empuñar el bisturí, es propio de *nosotros*; ¡tal es *nuestro* amor a los hombres, con esto somos *nosotros* filósofos, nosotros los hiperbóreos!

~ **8** ~

Es necesario decir a quién consideramos nuestros antípodas: a los teólogos y todo aquel por cuyas venas corre sangre de teólogo; a toda nuestra filosofía... Hay que haber visto de cerca la fatalidad, aún mejor, haberla experimentado en propia carne, haber estado en trance de sucumbir a ella, para dejarse de bromas en esta cuestión (el libre-pensamiento de nuestros señores naturalistas y fisiólogos es a mi entender una *broma*; les falta la pasión en estas cosas, no sufren por ellas). Ese emponzoñamiento va mucho más lejos de lo que se cree; he encontrado el instinto de teólogo de la «soberbia» en todas partes donde el hombre se siente hoy «idealista», donde en virtud de un presunto origen superior se arroga el derecho de adoptar ante la realidad una actitud de superioridad y distanciamiento...

El idealista, como el sacerdote, tiene todos los grandes conceptos en la mano (¡y no solamente en la mano!) y con desprecio condescendiente los opone a la «razón», los «sentidos», los «honores», el «bienestar» y la «ciencia»; todo esto lo considera *inferior*, como fuerzas perjudiciales y seductoras sobre las cuales flota el «espíritu» en estricta autonomía; como si la humildad, la castidad, la pobreza, en una palabra: la *santidad*, no hubiese causado hasta ahora a la vida un daño infinitamente más grande que cualquier cataclismo y vicio... El espíritu puro es pura mentira... Mientras el sacerdote, este negador, detractor y envenenador *profesional* de la vida, sea tenido por un tipo humano *superior*, no hay respuesta a la pregunta: ¿qué *es* verdad? Se ha puesto la verdad patas arriba si el abogado consciente de la nada y de la negación es tenido por el representante de la «verdad»...

~ 9 ~

_____

Yo combato este instinto de teólogo; he encontrado su rastro en todas partes. Quien tiene en las venas sangre de teólogo adopta desde un principio una actitud torcida y mendaz ante todas las cosas. El *pathos* derivado de ella se llama *fe*: cerrar los ojos de una vez por todas ante sí mismo, para no sufrir el aspecto de la falsía incurable. Se hace una moral, una virtud, una santidad de esta óptica deficiente, relativa a todas las cosas; se vincula la conciencia tranquila con la perspectiva *torcida*; se exige que ninguna óptica *diferente* pueda tener ya valor, tras haber hecho sacrosanta la suya propia con los nombres de «Dios», «redención» y «eterna bienaventuranza». He sacado a luz por doquier el instinto de teólogo; es la modalidad más difundida, la propiamente *subterránea*, de la *falsedad*. Lo que un teólogo siente como verdadero no puede por menos de ser falso; casi pudiera decirse que se trata de un criterio de la verdad. Su más soterrado instinto de conservación prohíbe que la realidad sea verdadera, ni siquiera pueda manifestarse, en punto alguno. Hasta donde alcanza la influencia de los teólogos está puesto al revés el *juicio de valor*, están invertidos, por fuerza, los conceptos «verdadero» y «falso»; lo más perjudicial para la vida se llama aquí «verdadero» y lo que eleva, acrecienta, afirma, justifica y exalta la vida se llama «falso»... Dondequiera que veamos a teólogos extender la mano, a través de la «conciencia» de los príncipes (o de los pueblos), hacia el *poder*, no dudemos de que en definitiva es la voluntad antivital, la voluntad *nihilista*, la que aspira a dominar y la que se encuentra en juego...

~ 10 ~

Entre alemanes se comprende enseguida si digo que la filosofía está corrompida por la sangre de teólogo. El pastor protestante es el abuelo de la filosofía alemana y el protestantismo mismo es su *peccatum originale* [pecado original]. Definición del protestantismo: la hemiplejía del cristianismo y de la razón... Basta pronunciar las palabras «Seminario de Tubinga» para comprender qué cosa es, en definitiva, la filosofía alemana: una teología *ladina*... El suabo es el mentiroso número uno en Alemania; miente con todo candor... ¿Cuál es la causa del regocijo que el advenimiento de Kant provocó en el mundo de los eruditos alemanes, cuyas tres cuartas partes se componen de hijos de pastores y maestros? ¿Cuál es la causa de la convicción alemana, que todavía halla eco, de que a partir de Kant las cosas andan *mejor*? El instinto de teólogo agazapado en el erudito alemán adivinó lo que volvía a ser posible... Estaba abierto un camino por donde retornar subrepticiamente al antiguo ideal; el concepto «mundo *verdadero*» y el concepto de la moral como *esencia* del mundo (¡los dos errores más perniciosos que existen!), gracias a un escepticismo listo y ladino volvían a ser, ya que no demostrables, sí *irrefutables*... La razón, el *derecho* de la razón, había decretado Kant, no alcanza tan lejos... Se había hecho de la realidad una «apariencia»; se había hecho de un mundo enteramente *ficticio*, el del Ser, la realidad... El éxito de Kant no es más que el éxito de un teólogo; Kant, como Lutero, como Leibniz, fue una cortapisa más de la probidad alemana, demasiado floja de suyo.

~ 11 ~

Diré aún una palabra más contra el *moralista* Kant. Toda virtud debe ser la propia invención de uno, la íntima defensa y necesidad de uno; en cualquier otro sentido solo es un peligro. Lo que no está condicionado por nuestra vida, la *perjudica*; cualquier virtud practicada nada más que por respeto al concepto «virtud», como lo postulaba Kant, es perjudicial. La «virtud», el «deber», el «bien en sí», el bien impersonal y universal; todo esto son quimeras en las que se expresa la decadencia, la debilidad última de la vida, lo chinesco a la königsberguiana. Las más fundamentales leyes de conservación y crecimiento prescriben justamente lo contrario: que cada cual debe inventarse su propia virtud, su propio imperativo categórico. Un pueblo sucumbe si confunde su específico deber con el deber en sí. Nada arruina de manera tan profunda e íntima cualquier deber «impersonal», cualquier sacrificio en aras del Moloc de la abstracción. ¡Cómo no se sintió el imperativo categórico de Kant como un *peligro mortal*!... ¡El instinto de teólogo llevó a cabo su defensa! Un acto impuesto por el instinto de la vida tiene en el placer que genera la prueba de que es un acto *justo*; sin embargo, ese nihilista de entrañas cristiano-dogmáticas entendía el placer como *objeción*...

¿Qué arruina tan rápidamente como trabajar, pensar y sentir sin que medie una necesidad interior, una vocación hondamente personal, un placer?, ¿como autómata del «deber»? Tal cosa es nada menos que la receta para la *décadence*, hasta para la idiotez... Kant se convirtió en un idiota. ¡Y fue el contemporáneo de *Goethe*! ¡Esta araña fatal ha sido, y sigue siendo, considerada como el filósofo *alemán*!... Me cuido muy mucho de decir lo que pienso de los alemanes... ¿No interpretó Kant la Revolución francesa como el paso de la forma inorgánica del Estado a la forma *orgánica*? ¿No se preguntó él si había un acontecimiento que no podía explicarse más que por una predisposición moral de la humanidad, así que quedaba *demostrada* de una vez por todas la «tendencia de la humanidad al bien»?; ¿y no se dio esta respuesta: «este acontecimiento es la Revolución»? El instinto equivocado en todas las cosas, la antinaturalidad como instinto, la *décadence alemana* como filosofía; *¡he aquí Kant!*

~ 12 ~

Abstracción hecha de algunos escépticos, que representan el tipo decente de la filosofía, el resto desconoce las exigencias elementales de la probidad intelectual. Todos esos grandes idealistas y portentosos se comportan como las mujeres: toman los «sentimientos sublimes» por argumentos, el «pecho expandido» por un fuelle de la divinidad y la convicción por el *criterio* de la verdad.

Por último, Kant, con candor «alemán», trató de dar a esta forma de la corrupción, a esta falta de conciencia intelectual, un carácter científico mediante el concepto «razón práctica»; inventó expresamente una razón para el caso en que no se debía obedecer a la razón, o sea cuando ordenaba el precepto moral, el sublime imperativo del «tú debes».

Considerando que en casi todos los pueblos el filósofo no es sino la evolución ulterior del tipo sacerdotal, no sorprende este legado del sacerdote, *la falsificación ante sí mismo*: quien tiene que cumplir santas tareas, por ejemplo la de perfeccionar, salvar, redimir a los hombres; quien lleva en sí la divinidad y es el portavoz de imperativos superiores, en virtud de tal misión se halla al margen de toda valoración exclusivamente racional; ¡él mismo está *santificado* por semejante tarea, él mismo es el exponente de un orden superior!... ¡Qué le importa al sacerdote la *ciencia*! ¡Él está por encima de esto! ¡Y hasta ahora ha dominado el sacerdote! ¡Él *determinaba* los conceptos «verdadero» y «falso»!

~13~

No subestimemos el hecho de que *nosotros mismos,* los espíritus libres, somos ya una «transmutación de todos los valores», una *viviente* y triunfante declaración de guerra a todos los antiguos conceptos de «verdadero» y «falso». Las conquistas más valiosas del espíritu son las últimas en lograrse; mas las conquistas más valiosas son los *métodos.*

Durante milenios *todos* los métodos, *todas* las premisas de nuestro actual cientifismo han chocado con el más profundo desprecio; con ellos se estaba excluido del trato con los «hombres de bien», se era considerado como un «enemigo de Dios», un detractor de la verdad, un «poseído». Como espíritu científico se era un *tshandala [chandala]...* Hemos tenido que hacer frente a todo el *pathos* de la humanidad, a su noción de lo que *debe* ser la verdad, de lo que *debe* ser el culto de la verdad; hasta ahora, todo «tú debes» estaba dirigido *contra* nosotros... *Nuestros* objetos, nuestras prácticas, nuestro modo de proceder tranquilo, cauteloso y desconfiado; todo esto le parecía desde todo punto indigno y despreciable. Pudiera preguntarse, en definitiva, y no sin fundamento, si no ha sido en el fondo un gusto *estético* lo que durante tanto tiempo ofuscaba a la humanidad; esta exigía a la verdad un efecto *pintoresco*, y asimismo al cognoscente que ejerciera un fuerte estímulo sobre los sentidos. Nuestra modestia ha sido lo que desde siempre era contrario a su gusto... ¡Oh, qué bien adivinaron esto esos pavos de Dios!

~ 14 ~

———————————

Hemos vuelto a aprender de nuevo. Nos hemos vuelto más modestos en toda la línea. Ya no derivamos al hombre del «espíritu», de la «divinidad»; lo hemos reintegrado en el mundo animal. Se nos antoja el animal más fuerte, porque es el más listo; una consecuencia de esto es su espiritualidad. Nos oponemos, por otra parte, a una vanidad que también en este punto pretende levantar la cabeza; como si el hombre hubiese sido el magno propósito subyacente a la evolución animal. No es en absoluto la cumbre de la creación; todo ser se halla, al lado de él, en idéntico peldaño de la perfección… Y afirmando esto aún afirmamos demasiado; el hombre es, relativamente, el animal más malogrado, más morboso, lo más peligrosamente desviado de sus instintos, ¡claro que por eso mismo también *el más interesante*! En cuanto a los animales, Descartes fue el primero en definirlos con venerable audacia como *machinas;* toda nuestra fisiología está empeñada en probar esta tesis. Lógicamente, nosotros ya no exceptuamos al hombre, como lo hizo aun Descartes; se conoce hoy día al hombre exactamente en la medida en que está concebido como *machina*. En un tiempo se atribuía al hombre, como don proveniente de un orden superior, el «libre albedrío»; ahora le hemos quitado incluso la volición, en el sentido de que ya no debe ser interpretada como una facultad. El antiguo término «voluntad» solo sirve para designar una resultante, una especie de reacción individual que sigue necesariamente a una multitud de estímulos en parte encontrados, en parte concordantes; la voluntad ya no «actúa», ya no «acciona»…

En tiempos pasados se consideraba la conciencia del hombre, el «espíritu», como la prueba de su origen superior, de su divinidad; para *perfeccionar* al hombre se le aconsejaba retraer los sentidos al modo de la tortuga, cortar relaciones con las cosas terrenas y despojarse de lo que tiene de mortal, quedando entonces lo principal de él, el «espíritu puro». También en este respecto hemos rectificado conceptos; la conciencia, el «espíritu» se nos aparece precisamente como síntoma de una imperfección relativa del organismo, como tanteo, ensayo y yerro, como esfuerzo en que se gasta innecesariamente mucha energía nerviosa; negamos que nada pueda ser perfeccionado mientras no se tenga conciencia de ello. El «espíritu puro» es pura estupidez; si descontamos el sistema nervioso y los sentidos, lo que tiene de mortal el hombre, *nos equivocamos en nuestros cálculos*; ¡nada más!…

~15~

Ni la moral ni la religión corresponden en el cristianismo a punto alguno de la realidad. Todo son *causas* imaginarias («Dios», «alma», «yo», «espíritu», «el libre albedrío», o bien «el determinismo»); todo son *efectos imaginarios* («pecado», «redención», «gracia», «castigo», «perdón»). Todo son relaciones entre *seres* imaginarios («Dios», «ánimas», «almas»); *ciencias naturales* imaginarias (antropocentricidad; ausencia total del concepto de las causas naturales); una *psicología* imaginaria (sin excepción, malentendidos sobre sí mismo, interpretaciones de sentimientos generales agradables o desagradables, por ejemplo de los estados del *nervus sympathicus*, con ayuda del lenguaje de la idiosincrasia religioso-moral, «arrepentimiento», «remordimiento», «tentación del Diablo», la proximidad de «Dios»); una *teleología imaginaria* («el reino de Dios», el «Juicio Final», «la eterna bienaventuranza»). Este mundo de la ficción se distingue muy desventajosamente del mundo de los sueños, por cuanto este *refleja* la realidad, en tanto que aquel falsea, desvaloriza y repudia la realidad. Una vez inventado el concepto «Naturaleza» en contraposición a «Dios», el término «natural» era por fuerza sinónimo de «execrable»; todo ese mundo ficticio tiene su raíz en el *odio* a lo natural (¡a la realidad!), es la expresión de una profunda aversión a lo real. *Pero con esto queda explicado todo.* Solo quien *sufre* de la realidad tiene razones para *sustraerse a ella por medio de la mentira.* Mas sufrir de la realidad significa ser una realidad *malograda...* El predominio de los sentimientos de desplacer sobre los sentimientos de placer es la *causa* de esa moral y religión basadas en la ficción; mas tal predominio es la fórmula de la *décadence...*

~ 16 ~

La misma conclusión se desprende de la crítica del *concepto cristiano de Dios*. Un pueblo que cree en sí tiene también su dios propio. En él venera las condiciones gracias a las cuales prospera y domina, sus virtudes; proyecta su goce consigo mismo, su sentimiento de poder, en un ser al que puede dar las gracias por todo esto. Quien es rico ansía dar; un pueblo orgulloso tiene necesidad de un dios para *ofrendar*... En base a tales premisas, la religión es una forma de la gratitud. Se está agradecido por sí mismo; para esto se ha menester un dios. Tal dios debe poder beneficiar y perjudicar, estar en condiciones de ser amigo y enemigo; se le admira por lo uno y por lo otro. La castración *antinatural* de la divinidad, en el sentido de convertirlo en un dios exclusivo del bien, sería de todo punto indeseable en este orden de ideas. Se necesita del dios malo en no menor grado que del bueno, como que no se debe la propia existencia a la tolerancia y la humanidad... ¿De qué serviría un dios que no conociera la ira, la venganza, la envidia, la burla, la astucia y la violencia?, ¿que a lo mejor hasta fuera ajeno a los *ardeurs* (ardores) inefables del triunfo y de la destrucción? A un dios así no se le comprendería; ¿para qué se lo tendría? Claro que si un pueblo se hunde; si siente desvanecerse para siempre su fe en el porvenir, su esperanza de libertad; si la sumisión entra en su conciencia como conveniencia primordial y las virtudes de los sometidos como condiciones de existencia, *por fuerza* cambia también su dios. Este se vuelve tímido, cobarde, medroso y modesto, aconseja la «paz del alma», la renuncia al odio, la indulgencia y aun el «amor» al amigo y al enemigo. Moraliza sin cesar, penetra en las cuevas de todas las virtudes privadas y se convierte en dios para todo el mundo, en particular, cosmopolita... Si en un tiempo representó a un pueblo, la fuerza de un pueblo, todo lo que había de agresivo y pletórico en el alma de un pueblo, ahora ya no es más que el buen Dios... En efecto, no existe para los dioses otra alternativa: o son la voluntad de poder, y mientras lo sean serán dioses de pueblos, o son la impotencia para el poder; y entonces se vuelven necesariamente *buenos*...

~ 17 ~

Dondequiera que declina la voluntad de poder se registra un decaimiento fisiológico, una *décadence*. La divinidad de la *décadence*, despojada de sus virtudes e impulsos más viriles, se convierte necesariamente en el dios de los fisiológicamente decadentes, de los débiles. Estos *no* se llaman los débiles, sino «los buenos»... Se comprenderá, sin necesidad de ulterior sugestión, en qué momentos de la historia es factible la ficción dualista de un dios bueno y otro malo. Llevados por el mismo instinto con que degradan a su dios al «bueno en sí», los sometidos despojan de todas sus cualidades al dios de sus vencedores; se vengan de sus amos dando al dios de los mismos un carácter diabólico. Tanto el dios bueno como el diablo son engendros de la *décadence*. ¡Parece mentira que todavía hoy se ceda a la ingenuidad de los teólogos cristianos hasta el punto de decretar a la par de ellos que la evolución de la concepción de la divinidad del «dios de Israel», del dios de un pueblo, al dios cristiano, al dechado del bien, significa un *progreso*! Hasta Renan lo hace. ¡Como si Renan tuviese derecho a la ingenuidad! ¡Pero si es evidente todo lo contrario! Si todas las premisas de la vida *ascendente*, toda fuerza, valentía, soberbia y altivez quedan eliminadas de la concepción de dios; si este se convierte paso a paso en símbolo de un bastón para cansados, de un salvavidas para todos los náufragos; si llega a ser el dios de los pobres, los pecadores y los enfermos por excelencia y el atributo «salvador», «redentor», queda, por así decirlo, como el atributo propiamente dicho de la divinidad, ¿qué indica transformación semejante?; ¿tal *reducción* de la divinidad? Claro que el «reino de Dios» queda así ampliado. En un tiempo Dios no tuvo más que su pueblo, su pueblo «elegido». Luego, al igual que su pueblo, llevó una existencia trashumante y ya no se radicó en parte alguna, hasta que al fin, gran cosmopolita, se encontraba bien en todas partes y tenía de su parte el «gran número», a media humanidad. Mas no por ser el dios del «gran número», el demócrata entre los dioses, llegó a ser un orgulloso dios pagano; seguía siendo judío, ¡el dios de todos los lugares y rincones oscuros, de todas las barriadas malsanas del mundo entero!… Su imperio es como antes un reino subterráneo, un hospital, un *ghetto*… Y él mismo, ¡cómo es de pálido, de débil, de *décadent*! Hasta los más anémicos de los anémicos, los señores metafísicos, los albinos de los conceptos, han dado cuenta de él. Estos han tejido tanto tiempo su tela en torno a él que, hipnotizado por sus movimientos, terminó por convertirse a su vez en araña, en metafísico. Entonces volvió a extraer de sí, tejiendo, el mundo, *sub specie Spinozae*; entonces se transfiguró en cada vez mayor abstracción y anemia, quedando hecho un «ideal», un «espíritu puro», «*absolutum*» y «cosa en sí»… *Decadencia de un dios:* Dios se convirtió en la «cosa en sí»…

~ **18** ~

La concepción cristiana de Dios, Dios como dios de los enfermos, como araña, como espíritu, es una de las más corrompidas que existen sobre la tierra; tal vez hasta marque el punto más bajo de la curva descendente del tipo de la divinidad. ¡Dios, degenerado en *objeción contra la vida*, en vez de ser su transfigurador y eterno *sí*! ¡En Dios, declarada la guerra a la vida, a la Naturaleza, a la voluntad de vida! ¡Dios, la fórmula para toda detracción de «este mundo», para toda mentira del «más allá»! ¡En Dios, divinizada la nada, santificada la voluntad de alcanzar la nada!...

~ 19 ~

El hecho de que las vigorosas razas del Norte de Europa no hayan repudiado al dios cristiano ciertamente no habla en favor de su don religioso, para no decir nada de su gusto. Debieron haber dado cuenta de tan morboso y decrépito engendro de la *décadence*. Por no haberlo hecho, pesa sobre ellas un triste sino: han absorbido en todos sus instintos la enfermedad, la decrepitud, la contradicción. ¡Desde entonces ya no han *creado* dioses! ¡En casi dos milenios ni un solo nuevo dios! ¡Impera todavía, y como a título legítimo, como *ultimum* y *máximum* del poder creador de dioses, del *creator spiritus* en el hombre, este lamentable dios del monótono-teísmo cristiano! ¡Este ser híbrido hecho de cero, concepto y contradicción en el que están sancionados todos los instintos de *décadence*, todas las cobardías y cansancios del alma!

~ **20** ~

_____

Condenando al cristianismo, no quiero cometer una injusticia con una religión afín, que hasta cuenta con mayor número de fieles; me refiero al *budismo*. El cristianismo y el budismo están emparentados como religiones nihilistas, son religiones de la *décadence*; y sin embargo, están diferenciados entre sí del modo más singular. Por el hecho de que ahora sea posible *compararlos,* el crítico del cristianismo está profundamente agradecido a los eruditos indios. El budismo es cien veces más realista que el cristianismo; ha heredado el planteo objetivo y frío de los problemas, es *posterior* a un movimiento filosófico multisecular; al advenir él, ya estaba desechada la concepción de «Dios». Es el budismo la única religión propiamente *positivista* en la historia, aun en su teoría del conocimiento (un estricto fenomenalismo); ya no proclama la «lucha contra el *pecado*», sino reconociendo plenamente los derechos de la realidad, la «*lucha contra el sufrimiento*». Lo que lo distingue radicalmente del cristianismo es el hecho de que está con el autoengaño de los conceptos morales *tras sí*, hallándose, según mi terminología, *más allá* del bien y del mal. Los dos hechos fisiológicos en que descansa y que tiene presentes son, *primero*, una irritabilidad excesiva, que se traduce en una sensibilidad refinada al dolor, y *segundo*, una hiperespiritualización, un desenvolvimiento excesivamente prolongado en medio de conceptos y procedimientos lógicos, proceso en que el instinto de la persona ha sufrido menoscabo en favor de lo «impersonal» (dos estados que algunos de mis lectores, por lo menos los «objetivos», conocerán, como yo, por experiencia). Estas condiciones fisiológicas han dado origen a una *depresión*; contra la que procede Buda valiéndose de medidas higiénicas. Para combatirla receta la vida al aire libre, la existencia trashumante, una dieta frugal y seleccionada, la prevención contra todas las bebidas espirituosas, asimismo contra todos los afectos que «hacen mala sangre»; también una vida sin preocupaciones, ya por sí mismo o por otros. Exige representaciones que sosieguen o alegren, e inventa medios de ahuyentar las que no convienen. Entiende la bondad, la jovialidad, como factor que promueve la salud. Desecha la *oración*, lo mismo que el *ascetismo*; nada de imperativos categóricos, nada de *obligaciones*, ni aun dentro de la comunidad monástica (que puede abandonarse), pues todo esto serviría para aumentar esa irritabilidad excesiva. Por esto Buda se abstiene de predicar la lucha contra los que piensan de otra manera, su doctrina nada repudia tan categóricamente como el afán vindicativo, la antipatía, el resentimiento («no es por la enemistad como se pone fin a la enemistad», tal es el conmovedor estribillo del budismo...). Y con razón; precisamente estos afectos serían de todo punto *perjudiciales* con respecto al propósito dietético primordial. El cansancio mental con que se encuentra Buda y que se traduce en una «objetividad» excesiva (esto es, en un debilitamiento del interés individual, en pérdida de gravedad, de «egoísmo») lo combate refiriendo aun los intereses más espirituales estrictamente a la *persona*. En la doctrina de Buda el egoísmo está estatuido como deber; el «cómo te libras *tú* del sufrimiento» regula y limita toda la dieta mental (es permitido, acaso, trazar un paralelo con aquel ateniense que a su vez declaró la guerra al «espíritu científico» puro con Sócrates, que dio al egoísmo personal en el reino de los problemas igualmente categoría de moral).

~ **21** ~

Las premisas del budismo son un clima muy suave, una marcada mansedumbre y liberalidad de las costumbres, ausencia total de militarismo y la radicación del movimiento en las capas superiores y aun eruditas de la población. La paz serena, el sosiego, la extinción de todo deseo es la meta suprema; y se *alcanza* esta meta. El budismo no es una religión en que tan solo se aspire a la perfección; lo perfecto es en él lo normal.

En el cristianismo, pasan a primer plano los instintos de sometidos y oprimidos; son las clases sociales más bajas las que en él buscan su salvación. Aquí se practica como *ocupación*, como remedio contra el aburrimiento, la casuística del pecado, la autocrítica, la inquisición; aquí se mantiene el afecto constantemente referido a un *poderoso*, denominado «Dios» (mediante la oración); aquí se concibe lo supremo como algo inaccesible, como regalo, como «gracia». Aquí falta también el carácter público; el escondite, el rincón oscuro, es propio del cristianismo. Aquí se desprecia el cuerpo y se repudia la higiene como sensualidad; la Iglesia hasta se opone al aseo (la primera medida tomada por los cristianos luego de la expulsión de los moros fue clausurar los baños públicos, de los que solamente en Córdoba había 270). Lo cristiano supone un cierto sentido de la crueldad, consigo mismo y con los demás; el odio a los heterodoxos; el afán persecutorio. Privan representaciones sombrías y excitantes; los estados más apetecidos, designados con los nombres supremos, son de carácter epilepsoide; la dieta es seleccionada en forma que promueva fenómenos mórbidos y sobreexcite los nervios. Cristiano es el odio mortal a los amos de la tierra, a los «nobles», en conjunción con una competencia solapada (se les deja el «cuerpo», se requiere *solamente* el «alma»...). Cristiana es la hostilidad enconada al *espíritu*, al orgullo, a la valentía, a la libertad y el libertinaje del espíritu; cristiana es la hostilidad enconada a los *sentidos*, a los placeres sensuales, a la alegría, en fin...

~22~

_____

Cuando el cristianismo abandonó su suelo primitivo, las capas más bajas de la población, el *submundo* del mundo antiguo, y se lanzó a la conquista de pueblos bárbaros, ya no tenía que habérselas con hombres cansados, sino con hombres embrutecidos y desgarrados por dentro, con los hombres fuertes, pero malogrados. En esta región el descontento consigo mismo, el sufrimiento de sí propio, *no* es, como en la budista, una irritabilidad excesiva y una hipersensibilidad al dolor, sino, por el contrario, un ansia incontenible de hacer sufrir, de descargar la tensión interior en actos y representaciones hostiles. El cristianismo necesitaba conceptos y valores *bárbaros* para dar cuenta de bárbaros; tales son el sacrificio del primogénito, la ingestión de sangre en la comunión, el desprecio hacia el espíritu y la cultura; el tormento, en cualquier forma, físico y mental, y la gran pompa del culto. El budismo es una religión para hombres *tardíos*, para razas suaves, mansas e hiperespiritualizadas, excesivamente sensibles al dolor (Europa no está aún, ni con mucho, madura para él); las conduce de vuelta a la paz y alegría serena, a la dieta en lo espiritual, a cierto endurecimiento en lo físico. El cristianismo, en cambio, quiere domar *fieras*, y para tal fin las enferma, hasta el punto de que el debilitamiento es la receta cristiana para la *domesticación*, la «civilización». El budismo es una religión para el final y cansancio de la civilización; el cristianismo ni siquiera se encuentra con una civilización, y, eventualmente, la funda.

~ 2 3 ~

El budismo, como ya he dicho, es cien veces más frío, verdadero y objetivo. A él ya no le hace falta rehabilitar ante sí mismo su sufrimiento, su sensibilidad al dolor, por la interpretación del pecado; solo dice lo que piensa: «yo sufro». Para el bárbaro, en cambio, el sufrimiento en sí no es decente; le hace falta una interpretación para admitir ante sí mismo que sufre (su instinto lo lleva más bien a negar el sufrimiento, a sufrir con mansa resignación). Para él, la noción del «diablo» era un verdadero alivio; tenía un enemigo poderosísimo y terrible; no era una vergüenza sufrir de enemigo semejante.

Entraña el cristianismo algunas sutilezas propias de Oriente. Sabe, ante todo, que en el fondo da igual que tal cosa sea cierta, dado que lo importante es que se crea. La verdad y la creencia en la verdad de tal cosa son dos mundos de intereses diferentes, poco menos que dos mundos antagónicos; se llega a ellos por caminos radicalmente distintos. Saber esto casi es la esencia del sabio, tal como lo concibe el Oriente; así lo entienden los brahmanes, como también Platón y todo adepto a la sabiduría esotérica. Por ejemplo, si hay una *ventura* en eso de creerse redimido del pecado, *no* hace falta como *premisa* que el hombre *sea* propenso al pecado, sino que *se sienta* propenso al pecado.

Mas si en un plano general lo que primordialmente hace falta es la *fe*, hay que desacreditar la razón, el conocimiento y la investigación; el camino de la verdad se convierte así en el camino *prohibido*.

La firme *esperanza* es un estimulante mucho más poderoso de la vida que cualquier ventura particular efectiva. A los que sufren hay que sostenerlos mediante una esperanza que ninguna realidad pueda desmentir, ninguna consumación pueda privar de su base: una esperanza que se cumplirá en un más allá. (Precisamente por este poder de entretener al desgraciado, los griegos tenían la esperanza por el mal de los males, por el mal propiamente *pérfido*, que se quedaba en el fondo de la caja de Pandora).

Para que sea factible el *amor*, Dios debe ser una persona; para que puedan hacerse valer los instintos más soterrados, Dios debe ser joven. Ha de llevarse a primer plano un hermoso santo para el ardor de las mujeres, y una Virgen para el de los hombres. Esto en el supuesto de que el cristianismo quiera imponerse en un terreno donde ya cultos afrodisíacos o de Adonis han determinado el *concepto* del culto. El concepto de la *castidad* acentúa la vehemencia y profundidad del instinto religioso; presta al culto un carácter más cálido, más exaltado, más fervoroso.

El amor es el estado en que el hombre ve las cosas, más que en ningún otro, tal como *no* son. En él se manifiesta cabalmente el poder de ilusión, lo mismo que el de *transfiguración*. Quien ama soporta más que de ordinario; aguanta todo. Había que inventar una religión en la que se pudiera amar; pues donde se cumple este requisito ya se ha vencido lo peor de la vida. Esto por lo que se refiere a las tres virtudes cristianas de la fe, el amor y la esperanza; yo las llamo las tres *corduras* cristianas. El budismo es demasiado tardío y positivista como para ser aún cuerdo de semejante manera.

~24~

Me limito aquí a rozar el problema de la *génesis* del cristianismo. La primera tesis para la solución del mismo reza: el cristianismo solo puede ser comprendido como producto del suelo en que ha nacido; *no* es una reacción al instinto judío, sino la consecuencia del mismo, su lógica terrible llevada a una conclusión ulterior. Dicho en la fórmula del Redentor: «la salvación proviene de los judíos».

La segunda tesis reza: el tipo psicológico del Galileo es todavía reconocible; pero solo en su degeneración total (que es mutilación e incorporación de multitud de rasgos extraños a un tiempo) ha podido servir para el uso que se ha hecho de él: el de ser el tipo de *redentor* de la humanidad.

Los judíos son el pueblo más singular de la historia mundial, ya que puestos en el dilema de ser o no ser, prefirieron, con una determinación francamente escalofriante, ser *a cualquier precio*; este precio era el *falseamiento* radical de toda la Naturaleza, de toda naturalidad, de toda realidad, de todo el mundo interior no menos que del exterior. Repudiaron todas las condiciones bajo las cuales habían podido vivir, habían tenido derecho a vivir hasta entonces los pueblos; hicieron de sí mismos una antítesis de las condiciones naturales. Invirtieron la religión, el culto, la moral, la historia y la psicología de un modo fatal, en lo *contrario de los valores naturales de las mismas*. El mismo fenómeno se da, y en una escala infinitamente mayor, pero, no obstante, como mera copia, en la Iglesia cristiana; en comparación con el «pueblo de los santos», ella no puede pretender originalidad. Los judíos son, así, el pueblo *más fatal* de la historia; como resultado de su gravitación, la humanidad se ha vuelto tan falsa que, todavía hoy, el cristianismo es capaz de sentirse antijudío, sin tener conciencia de que es la *idiosincrasia judía llevada a su consecuencia última*.

En mi *Genealogía de la moral* he dado por vez primera una dilucidación psicológica del contraste entre la moral aristocrática y la moral del resentimiento, esta última derivada del *no* pronunciado frente a aquella. Mas queda definida así la esencia de la moral judeo-cristiana. Para poder decir no a todo cuanto representa la curva *ascendente* de la vida (la armonía plena, la hermosura, la autoafirmación), el instinto del resentimiento, hecho genio, tuvo que inventarse *otro* mundo con respecto al cual esa *afirmación* de la vida supuso lo malo, lo reprobable en sí. Psicológicamente hablando, el pueblo judío es un pueblo de vitalidad extrema que, confrontado con condiciones de existencia imposibles, tomó deliberadamente, guiado por la cordura suprema del instinto de conservación, la defensa de todos los instintos de la *décadence*; y no tanto por estar dominado por ellos como porque adivinó en los mismos una potencia mediante la cual le sería dable hacerse valer *frente* «al mundo». Los judíos son los antípodas de todo lo *décadent*; mas tenían que *representar* el papel de *décadents*, hasta el extremo de engañar a todo el mundo; con un *non plus ultra* [el no más allá] del genio histriónico sabían ponerse al frente de todos los movimientos de la *décadence* (como cristianismo paulino), para hacer de ellos algo que fuera más fuerte que cualquier facción dispuesta a decir sí a la vida. Para el tipo humano que en el judaísmo y el cristianismo llega a dominar: el *sacerdotal*, la *décadence* no es sino un *medio*; este tipo humano está vitalmente interesado en enfermar a la humanidad, en invertir los conceptos «bien» y «mal», «verdadero» y «falso», en un sentido que entraña un peligro mortal para la vida y significa el repudio del mundo.

~25~

La historia de Israel es inestimable como historia típica de una *desnaturalización* total de los valores naturales. Voy a esbozar cinco hechos de este proceso. Originariamente, sobre todo en los tiempos de los reyes judíos, también Israel se hallaba en la proporción justa, vale decir, natural con todas las cosas. Su Jahveh era la expresión de la conciencia de poder, del goce mismo, de la esperanza depositada en sí mismo; en él se esperaba victoria y ventura, con él se confiaba en que la Naturaleza había de dar al pueblo lo que le hacía falta; sobre todo, lluvia. Jahveh es el dios de Israel, y, *por ende*, el dios de la justicia; lógica de todo pueblo que tiene poder y goza de él con la conciencia tranquila. En el culto de las fiestas se expresan estos dos aspectos de la autoafirmación de todo pueblo: gratitud por los grandes destinos gracias a los cuales llegó al poder, y gratitud en relación con el ciclo de las estaciones y toda fortuna en la ganadería y la agricultura. Este estado de cosas siguió siendo el ideal durante mucho tiempo, incluso cuando hacía mucho que había acabado de una manera lamentable a causa de la anarquía interior y la intervención de los asirios. El pueblo continuó alimentando como aspiración suprema esa visión de un rey en el que el buen soldado se aunaba con el juez severo; sobre todo Isaías, ese profeta típico (esto es, crítico y satírico de la hora). Sin embargo, todas las esperanzas se desvanecieron. El antiguo Dios ya no estaba en condiciones de hacer nada de lo que en un tiempo había sido capaz de hacer. Lo que correspondía era desecharlo. ¿Qué ocurrió? Se *modificó* su concepción; se *desnaturalizó* su concepción; a este precio se lo retuvo. Jahveh, el dios de la «justicia», ya no se consideraba identificado con Israel, expresión del orgullo de su pueblo, sino un dios condicionado... Su concepción pasa a ser un instrumento en manos de agitadores sacerdotales, que en adelante interpretan toda ventura como premio y toda desventura como castigo por desobediencia a Dios, como «pecado»: esa interpretación más mendaz en base a un presunto «orden moral», con la que se invierte de una vez por todas el concepto natural «causa y efecto». Una vez que con premio y castigo se haya abolido la causalidad natural, hace falta una causalidad *antinatural*, de la que se sigue entonces toda la demás antinaturalidad. Así, al dios que ayuda y que resuelve todas las dificultades, que en el fondo encarna toda inspiración feliz de la valentía y la confianza en sí mismo, se sustituye por un dios que *exige*... La moral ya no es la expresión de las condiciones de existencia y prosperidad de un pueblo, su más soterrado instinto vital, sino que se vuelve abstracta y antivital: la moral como imaginación mal pensada, como «mal de ojo» a todas las cosas. ¿Qué es, en definitiva, la moral judeo-cristiana? El azar despojado de su inocencia; la desgracia envilecida por el concepto «pecado»; el bienestar denunciado como peligro, como «tentación»; el malestar fisiológico infectado del gusano roedor de la conciencia...

~ 26 ~

_____

Los sacerdotes judíos no se detuvieron en el falseamiento de la concepción de Dios y la moral. Toda la historia de Israel era contraria a sus fines; había, por tanto, que abolirla. Estos sacerdotes realizaron ese prodigio de falseamiento cuyo testimonio es buena parte de la Biblia; con un desprecio inaudito hacia toda tradición, hacia toda realidad histórica, pospusieron el pasado de su propio pueblo a la religión; es decir, que hicieron de él un estúpido mecanismo de salvación basado en el castigo que Jahveh da a los que contra él pecan, y en el premio con que conforta a los que le obedecen. Este vergonzoso falseamiento de la verdad histórica nos causaría una impresión mucho más penosa si milenios de interpretación *eclesiástica* de la historia no nos hubiesen hecho casi indiferentes a las exigencias de la probidad *in historicis.* Y la Iglesia ha sido secundada en esto por los filósofos; por toda la evolución de la filosofía, hasta la más reciente, corre la *mentira* del «orden moral». ¿Qué significa «orden moral»? Significa que hay de una vez por todas una voluntad de Dios respecto a lo que el hombre debe hacer y debe no hacer; que el grado de obediencia a la voluntad de Dios determina el valor de los individuos y los pueblos; que en los destinos de los individuos y los pueblos manda la voluntad de Dios, castigando y premiando, según el grado de obediencia. La *realidad* subyacente a tan lamentable mentira es esta: un tipo humano parásito que solo prospera a expensas de todas las cosas sanas de la vida, el *sacerdote*, abusa del nombre de Dios: al estado de cosas donde él, el sacerdote, fija el valor de las cosas, le llama «el reino de Dios», y a los medios por los cuales se logra y mantiene tal estado de cosas, «la voluntad de Dios»; con frío cinismo juzga a los pueblos, tiempos e individuos por la utilidad que reportaron al imperio de los sacerdotes o la resistencia que le opusieron. No hay más que observarlo: bajo las manos de los sacerdotes judíos la época grande de la historia de Israel se trocó en una época de decadencia; el destierro, esa larga desventura, se convirtió en una *pena* eterna en castigo de la época grande, aquella en que los sacerdotes aún no tuvieron influencia alguna. De los personajes portentosos y *libérrimos* de la historia de Israel hicieron, según las conveniencias, unos pobres mamarrachos o unos «impíos», y redujeron todo acontecimiento grande a la fórmula estúpida: «obediencia o desobediencia a Dios». Un paso más por este camino y se postula que la «voluntad de Dios», esto es, las condiciones bajo las cuales se perpetúa el poder de los sacerdotes, debe ser *conocida*. Para tal fin, se requiere una «revelación». Quiere decir, que se requiere un fraude literario en gran escala; se descubre una «sagrada escritura» y se la publica con gran pompa hierática, con días de penitencia y lamentaciones por el largo «pecado». Pretendíase que la «voluntad de Dios» actuaba desde hacía mucho tiempo; que toda la calamidad estribaba en que los hombres se habían divorciado de la «sagrada escritura»… Ya a Moisés se había revelado la «voluntad de Dios»…¿Qué había pasado? Con rigor y con una pedantería que ni se detenía ante los impuestos, grandes y pequeños, a pagar (sin olvidar, por supuesto, lo más sabroso de la carne, puesto que el sacerdote es un carnívoro), el sacerdote había formulado de una vez por todas *lo que complacía* a «la voluntad de Dios»... A partir de entonces, todas las cosas están dispuestas de forma que el sacerdote es *imprescindible en todas partes*; con motivo de todos los acontecimientos naturales de la vida; nacimiento, casamiento, enfermedad y muerte, por no hablar de la ofrenda (de la «comida»), se presenta el santo parásito para *desnaturalizarlos*; en su propia terminología: para «santificarlos»... Pues hay que comprender esto: toda costumbre natural, toda institución natural (el Estado, la administración de justicia, el matrimonio, la asistencia a los enfermos y el socorro a los pobres), todo imperativo dictado por el instinto de la vida, en una palabra, todo cuanto tiene valor *en sí*, lo convierte el parasitismo del sacerdote en principio en una cosa sin valor e incompatible con cualquier valor; requiere ella una sanción *a posteriori*; hace falta una potencia *valorizadora* que niegue la Naturaleza inherente a todo esto y *crear* así su valor... El sacerdote desvaloriza, *desantifica* la Naturaleza; a este precio existe. La desobediencia a Dios, vale decir, a los sacerdotes, a la ley, es bautizada entonces con el nombre de «pecado»; los medios por los cuales es dable «reconciliarse con Dios» son desde luego medios que aseguran una sumisión aún más completa al sacerdote: únicamente el sacerdote «redime»... Psicológicamente hablando, en toda sociedad organizada sobre la base de un régimen sacerdotal los «pecados» son imprescindibles: son las palancas propiamente dichas del poder; el sacerdote *vive* de los pecados, tiene necesidad de que se «peque»... Tesis capital: Dios perdona al que hace penitencia»; *al que se somete al sacerdote.*

~ 27 ~

En un suelo de tal modo *falso* donde toda naturalidad, todo valor natural, toda realidad tenía que hacer frente a los más soterrados instintos de la clase dominante, creció el *cristianismo*, forma de la enemistad mortal a la realidad que hasta ahora no ha sido superada. El «pueblo santo» que para todas las cosas se había quedado exclusivamente con valores de sacerdotes, palabras de sacerdotes, repudiando con una consecuencia pasmosa cualquier otro poder establecido sobre la tierra como «sacrílego» y el mundo como «pecado»; este pueblo produjo para su instinto una fórmula última, lógica hasta la autonegación: como *cristianismo* negó aun la forma última de la realidad, la misma realidad judía, al «pueblo santo», al «pueblo de los elegidos». El suceso es de primer orden: el pequeño movimiento insurgente, bautizado con el nombre de Jesús de Nazaret, es el instinto judío *otra vez*. O dicho de otro modo: el instinto de sacerdote que ya no soporta al sacerdote como realidad, la invención de una forma de existencia *aún más abstracta*, de una visión *aún más irreal* del mundo que la que implica la organización de una iglesia. El cristianismo *niega* a la Iglesia...

Yo no sé contra qué se dirigió la sublevación cuyo autor ha sido considerado o *mal considerado* Jesús, sino contra la iglesia judía, tomada la palabra «iglesia» exactamente en el sentido en que la tomamos hoy día. Fue una sublevación contra «los buenos y justos», contra los «santos de Israel», la jerarquía de la sociedad, pero *no* contra la corrupción de la misma, sino contra la casta, el privilegio, el orden y la fórmula; fue un no creer en los «hombres superiores», un decir no a todos los sacerdotes y teólogos. Mas la jerarquía que así quedó puesta en tela de juicio, bien que tan solo por un breve instante, era la «construcción lacustre», sobre la cual el pueblo judío sustituía en plena «agua» la posibilidad última, arduamente conquistada, de sobrevivir, el *residium* de su autonomía política; todo ataque dirigido a ella era un ataque al más soterrado instinto popular, a la más denotada voluntad de vida de un pueblo que se ha dado jamás. Ese santo anarquista que incitó al bajo pueblo, a los parias y los «pecadores», a los *tshandala* en el seno del pueblo judío, a rebelarse contra el orden imperante —gastando un lenguaje, siempre que uno pudiera fiarse de los Evangelios, que también en nuestros tiempos significaría la deportación a Siberia— fue un delincuente político, en la medida en que cabían delincuentes políticos en tal comunidad *absurdamente política*. A causa de esta actitud fue a parar a la cruz; la prueba de ello es el letrero colocado en lo alto de la cruz. Murió por su propia culpa. Falta todo motivo para creer, como tantas veces se ha afirmado, que murió por culpa ajena.

~ 28 ~

Una cuestión muy distinta es la de si él realmente tuvo conciencia de tal oposición o fue tan solo *sentido* como esta oposición. Y solo aquí toco el problema de la *psicología del Redentor*. Confieso que pocos libros he leído con tantas dificultades como los Evangelios. Estas dificultades son de otra índole que aquellas en cuya comprobación la curiosidad erudita del espíritu alemán consiguió uno de sus más inolvidables triunfos. Han pasado muchos días en que también yo, como todos los jóvenes eruditos, saboreé con sabia despaciosidad de refinado filólogo la obra del incomparable [David] Strauss. Tenía yo entonces veinte años; ahora soy un hombre demasiado serio para eso. ¿Qué me importan las contradicciones de la «tradición»? ¡Como para llamar «tradición» a las leyendas de los santos! Las historias de santos son la literatura más ambigua que existe; aplicarles, *en ausencia de cualesquiera otros documentos,* el método científico, se me antoja una empresa de antemano condenada al fracaso, mero pasatiempo erudito...

~ 29 ~

_____

Lo que a mí me importa es el tipo psicológico del Redentor. Este tipo podría aparecer en los Evangelios, pese a los Evangelios, por más mutilados o desfigurados por aditamentos extraños que aquellos estuviesen, del mismo modo que el de Francisco de Assis aparece en sus leyendas, pese a sus leyendas. *No* me interesa la verdad de lo que Jesús hizo, lo que dijo y cómo murió, sino saber si su tipo es todavía reconocible; si está «transmitido por la tradición». Las tentativas que conozco encaminadas a extraer de los Evangelios hasta la *historia* de un «alma» se me antojan pruebas de una abominable ligereza psicológica. El señor Renan, ese payaso *in psichologicis,* ha aportado a su explicación del tipo de Jesús los dos conceptos más inadecuados que se conciben en este caso: el del *genio* y el del *héroe* («*héros*»). ¡Pero si el concepto «héroe» es lo más antievangélico que pueda darse! Precisamente la antítesis de toda lucha, de toda idiosincrasia militante se ha hecho aquí instinto; la incapacidad para la resistencia («no te resistas al mal» es la palabra más profunda de los Evangelios, en cierto sentido su clave), la dicha inefable en la paz, la mansedumbre, el no ser capaz de experimentar sentimientos hostiles, se torna aquí en moral. ¿Qué significa «buena nueva»? Que está encontrada la verdadera vida, la vida eterna; que está ahí, *dentro del hombre*: como vida en el amor, en el amor sin reservas, sin condiciones, sin distanciamiento. Cada cual es hijo de Dios —Jesús no reivindica en absoluto para sí esta condición—; como hijos de Dios, todos son iguales... ¡Como para hacer de Jesús un héroe! ¡Y qué grave malentendido es sobre todo la palabra «genio»! Todo nuestro concepto del «espíritu» carece de sentido en el mundo dentro del que se desenvuelve Jesús. El rigor del fisiólogo sugeriría aquí más bien una palabra muy diferente... Conocemos un estado de irritabilidad morbosa del *tacto*, que en tales condiciones retrocede ante la idea de asir un objeto sólido. Tradúzcase tal hábito fisiológico en su lógica última, como odio instintivo a *cualquier* realidad; como evasión a lo «inasible», a lo «inconcebible»; como aversión a cualquier fórmula, a cualquier noción de tiempo y espacio, a todo cuanto es fijo, costumbre, institución, iglesia; como desenvolvimiento en un mundo ajeno a toda realidad, exclusivamente «interior», un mundo «verdadero», un mundo «eterno»... «El reino de Dios está *dentro de* vosotros»...

~ 30 ~

El odio instintivo a la realidad: consecuencia de una extraña irritabilidad y sensibilidad al sufrimiento que ya no quiere ser «tocada» porque todo contacto provoca en ella una reacción excesiva.

El repudio instintivo de toda antipatía, de toda hostilidad, de todos los límites y distancias del sentir: consecuencia de una extrema irritabilidad y sensibilidad al sufrimiento que siente ya toda resistencia, toda obligación de resistir como un *desplacer* insoportable (esto es, como *perjudicial,* como *contrario* al instinto de conservación y concibe la dicha inefable (el placer) únicamente como un no resistir más, un no resistir a nadie, ni al mal ni al maligno. El amor como única, *última,* posibilidad de vivir…).

Estas son las dos *realidades fisiológicas* en las cuales, de las cuales, ha surgido la doctrina de la redención. La llamo una evolución sublime del hedonismo sobre una base completamente morbosa. Íntimamente afín con ella, bien que con un nutrido aditamento de vitalidad y energía nerviosa helenas, es el epicureísmo, la doctrina pagana de la redención. Epicuro, *un tipo décadent;* desenmascarado como tal por mí. El miedo al dolor, incluso al mínimo dolor, por fuerza desemboca en una *religión del amor…*

~ **31** ~

─────────────

He anticipado mi respuesta a este problema, basada en el hecho de que la figura del Redentor ha llegado hasta nosotros muy desfigurada. Esta desfiguración es en sí muy plausible; por varias razones tal figura no pudo conservarse pura, íntegra y libre de deformaciones. Tanto el *milieu* [medio ambiente] en que se desenvolvió esta figura extraña como, sobre todo, la histeria, las vicisitudes de la primitiva comunidad cristiana, dejaron en ella por fuerza sus huellas; ella enriqueció la figura, retroactivamente, con rasgos que solo son comprensibles a la luz de la guerra y los fines de propaganda. Ese mundo singular y enfermo en que nos introducen los Evangelios, un mundo como salido de una novela rusa, donde parecen darse cita la escoria de la sociedad, enfermedades nerviosas e idiotismo «infantil», forzosamente *vulgarizó* la figura; en particular los primeros discípulos tradujeron un Ser que flotaba en un todo en símbolos e intangibilidades en su propia idiosincrasia, torpe para *comprender* algo de ella; para los mismos *existió* la figura posteriormente a su adaptación a formas más conocidas. El profeta, el Mesías, el juez futuro, el moralista, el taumaturgo, Juan Bautista; otras tantas ocasiones para entender mal la figura... No subestimemos, por último, el *proprium* de toda gran veneración, sobre todo de la sectaria: borra ella en el ser venerado los rasgos y características originales, con frecuencia penosamente extraños; *no los advierte siquiera*. Es una lástima que en contacto con el más interesante de todos los *décadents* no haya vivido un Dostoyevski, quiero decir, alguien que supiera percibir precisamente el encanto conmovedor que fluía de tal mezcla de sublimidad, enfermedad e infantilidad. Un último punto de vista: la figura, como figura de la *décadence*, bien puede haberse caracterizado en efecto por una singular multiplicidad y contradicción; no cabe descartar rotundamente esta posibilidad. Sin embargo, todo induce a desechar tal conjetura; precisamente la tradición debiera ser en este caso singularmente fiel y objetiva, cuando tenemos razones para suponer justamente lo contrario. Por lo pronto, hay una contradicción entre el predicador simple, dulce y manso, cuya figura sugiere a un Buda en un mundo nada indio, y ese fanático de la agresión, el enemigo mortal de los teólogos y los sacerdotes que la malicia de Renan ha exaltado como «*le grand maître en ironie*». Personalmente, no dudo de que la agitación de la propaganda cristiana ha incorporado a la figura del maestro la crecida dosis de hiel (y aun de *esprit [ingenio])*; es harto sabida la falta de escrúpulo con que todos los espíritus sectarios hacen en su maestro *su propia apología*. Cuando la comunidad primitiva tuvo necesidad de un teólogo riguroso, enconado, iracundo y maliciosamente sutil para hacer frente a otros teólogos, se creó su «dios» de acuerdo con sus necesidades, del mismo modo que le atribuyó sin vacilar conceptos nada evangélicos de los que ya no podía prescindir: «resurrección», «juicio final» y toda clase de esperanzas y promesas temporales.

~32~

_____

Me opongo, repito, a que se incorpore a la figura del Redentor el fanático; la palabra *impérieux* [imperioso] usada por Renan basta por sí sola para *anular* esta figura. La «buena nueva» consiste precisamente en que ya no hay antagonismos y contrastes; que el reino de los cielos es de los *niños*. La fe que aquí se manifiesta no es una fe conquistada en lucha, sino que está ahí, desde un principio; es, como si dijéramos, una infantilidad replegada sobre la esfera de lo espiritual. Los fisiólogos, por lo menos, están familiarizados con el caso de la pubertad retardada y no desarrollada en el organismo, como consecuencia de la degeneración. Tal fe no odia, no censura, no se resiste; no trae «la espada»; le es totalmente ajena la idea de que pueda llegar a separar. No se prueba a sí misma, ni por milagros ni por premio y promesa, ni menos «por la sagrada escritura»; ella misma es en todo momento su propio milagro, su propio premio, su propia prueba, su propio «reino de Dios». Esta fe tampoco se formula; *vive*, se opone a las fórmulas.

Por cierto, que las contingencias del medio, de la lengua y de los antecedentes intelectuales condicionan determinado círculo de conceptos; el primitivo cristianismo maneja *exclusivamente* conceptos judeo-semíticos (por ejemplo, el comer y beber en el caso de la comunión; ese concepto del que la Iglesia, como de todo lo judío, ha hecho un grave abuso). Pero cuidado con ver en ellos más que un lenguaje simbólico, una semiótica, una ocasión para expresarse a través de alegorías. Precisamente el que ninguna palabra suya sea tomada al pie de la letra es la condición previa para que ese antirrealista pueda hablar. Entre los indios se hubiera servido de los conceptos del *Sankhyam*; entre los chinos, de los de Lao Tse, sin notar la diferencia. Con cierta tolerancia en la expresión se pudiera llamar a Jesús un «espíritu libre». No le importan las fiestas: la palabra *mata,* todo lo fijo *mata.* En él, el concepto, la *experiencia,* la «vida», como él los conoce, son contrarios a todas las palabras, fórmulas, leyes, credos y dogmas. Él solo habla de lo más íntimo; emplea los términos «vida», «verdad» o «luz» para expresar lo más íntimo; todo lo demás, toda la realidad, toda la Naturaleza, hasta el lenguaje, tiene para él tan solo un valor de signo, de alegoría. Hay que cuidarse de no caer en error en este punto, por grande que sea la seducción inherente al prejuicio cristiano, es decir, *eclesiástico*: tal simbolismo por excelencia está al margen de todos los conceptos de culto, de toda su historia, de toda ciencia natural, de toda empírea, de todos los conocimientos, de toda política, de toda psicología, de todos los libros, de todo arte.

El «saber» de Jesús es precisamente la *locura pura* ajena a que hay efectivamente cosas así. No conoce la cultura ni por referencia, no tiene por qué luchar contra ella, no la niega… Lo mismo se aplica al *Estado*, a todo el orden civil y social, al *trabajo*, a la guerra: jamás tuvo motivo alguno para negar «el mundo»; nunca tuvo la menor idea del concepto eclesiástico «mundo»… La negación es precisamente lo de todo punto imposible para él.

Falta asimismo la dialéctica; falta la noción de que una fe, una «verdad», pueda ser demostrada con argumentos (las pruebas de él son «luces» interiores, íntimos sentimientos de placer y autoafirmaciones; exclusivamente «pruebas de la fuerza»). Doctrina semejante tampoco puede contradecir, no concibe que haya, pueda haber, doctrinas diferentes; no sabe imaginar un juicio contrario al suyo propio... Donde lo encuentre, se lamentará por íntima simpatía de «ceguera», pues ella percibe la «luz», pero no formulará objeción alguna...

~ 33 ~

_____

En toda la psicología del Evangelio está ausente la idea de la culpa y del castigo, como también la del premio. Está abolido el «pecado», cualquier relación de distancia jerárquica entre Dios y el hombre; *tal es precisamente la «buena nueva»*... No se promete ni se condiciona la bienaventuranza; es esta la *única* realidad. Todo lo demás es signo que sirve para hablar de ella...

La *consecuencia* de tal estado se proyecta en una *práctica* nueva, en la práctica propiamente evangélica. Lo que distingue al cristiano no es una «fe»; el cristiano obra y se diferencia por el hecho de que obra de un modo diferente. Por el hecho de que no se resiste ni de palabra ni en el corazón al que le hace mal. Por el hecho de que no hace distingos entre forasteros y naturales, entre judíos y no judíos («el prójimo» es propiamente el correligionario, el judío). Por el hecho de que no guarda rencor a nadie, no desprecia a nadie. Por el hecho de que no recurre a los tribunales ni se pone a disposición de ellos («no juréis»). Por el hecho de que bajo ninguna circunstancia, ni aun en caso de infidelidad probada de la cónyuge, se separa de su mujer. Todo se reduce, en el fondo, a un solo principio; todo es consecuencia de un solo instinto.

La vida del Redentor no fue sino *esta* práctica; su muerte tampoco fue otra cosa... Ya no tenía necesidad de fórmulas, de ritos para la relación con Dios, ni siquiera de oración. Había desechado toda la doctrina judía de expiación y reconciliación; sabía cuál era la *única* práctica de la vida con la que uno se siente «divino», «bienaventurado», «evangélico», en todo momento «hijo de Dios». *Ni* la «expiación», ni el «ruego por perdón» son caminos de Dios —enseña—; *únicamente la práctica evangélica* conduce a Dios, ella *es* «Dios». El Evangelio significaba el repudio del judaísmo de los conceptos «pecado», «absolución», «fe» y «redención por la fe»; toda la doctrina eclesiástica judía quedaba negada en la «buena nueva».

El profundo instinto de cómo hay que vivir para sentirse «en la gloria», para sentirse «eterno», en tanto que con cualquier conducta diferente uno se siente en absoluto «en la gloria». Únicamente este instinto es la realidad psicológica de la «redención». Una conducta nueva, *no* una fe nueva...

~ 3 4 ~

_____

Si yo entiendo algo de ese gran simbolista, es que tomó exclusivamente realidades *interiores* como realidades, como «verdades»; que entendió todo lo demás, todo lo natural, temporal, espacial e histórico, solo como signo, como oportunidad para expresar por vía de la alegoría. El concepto «hijo del hombre» no es ninguna persona concreta que pertenece a la historia, ningún hecho individual y único, sino una facticidad «eterna», un símbolo psicológico, emancipado de la noción del tiempo. Lo mismo reza, y en el sentido más elevado, para el *Dios* de este típico simbolista; para el «reino de Dios», el «reino de los cielos». Nada hay tan anticristiano como los *burdos conceptos eclesiásticos* de un Dios como *persona*, de un «reino de Dios» que *vendrá* de un «reino de los cielos» *más allá*, de un «hijo de Dios», *segunda persona* de la Trinidad. Todo esto es absolutamente incompatible con el Evangelio, un *cinismo histórico mundial* en la burla del símbolo... Aunque es evidente lo que sugiere el signo «padre» e «hijo», no resulta igual para todo el mundo: con la palabra «hijo» está expresado el *ingreso* en el sentimiento total de transfiguración de todas las cosas (la bienaventuranza), y con la palabra «padre», este *sentimiento mismo,* el sentimiento de eternidad, de consumación. Me da vergüenza recordar lo que la Iglesia ha hecho de este simbolismo. ¿No ha situado en el umbral del «credo» cristiano una historia de anfitrión? ¿Y un dogma de la «concepción inmaculada», por añadidura?... *Con esto ha mancillado la concepción.*

El «reino de los cielos» es un estado del corazón, no algo que viene del «más allá» o de una «vida de ultratumba». Todo el concepto de la muerte natural (*alta* en el Evangelio; la muerte no es un puente, un tránsito; falta porque forma parte de un mundo totalmente diferente, tan solo aparencial, útil tan solo para proporcionar signos. La «hora postrera» *no* es un concepto cristiano; la «hora», el tiempo, la vida física y sus crisis, ni existen para el portador de la «buena nueva»... El «reino de Dios» no es algo que se espera; no tiene un ayer ni un pasado mañana, no vendrá en «mil años»; es una experiencia íntima; está en todas partes y no está en parte alguna...

~ 35 ~

Este portador de una «buena nueva» murió como había vivido y predicado: *no* para «redimir a los hombres», sino para enseñar cómo hay que vivir. La *práctica* es el legado que dejó a la humanidad: su conducta ante los jueces, ante los soldados, ante los acusadores y toda clase de difamación y escarnio; su conducta es la *cruz*. No se resiste, no defiende su derecho, no da ningún paso susceptible de conjurar el trance extremo, aún más, lo *provoca...* Y ruega, sufre y ama *a la par de los* que le hacen mal, *en los* que le hacen mal... *No* resistir, *no* odiar, *no* responsabilizar... No resistir tampoco al malo, sino *amarlo...*

~ 36 ~

Solo nosotros, los espíritus *que nos hemos emancipado,* estamos en condiciones de entender algo que ha sido mal entendido por espacio de diecinueve centurias: esa probidad hecha instinto y pasión que combate la «mentira santa» aún más que cualquier otra mentira... Se ha estado infinitamente lejos de nuestra neutralidad cordial y cautelosa, de esa disciplina del espíritu sin la cual no es posible adivinar cosas tan extrañas y delicadas; en todos los tiempos se ha buscado en ellas, movidos por un egoísmo insolente, tan solo la propia ventaja; se ha levantado sobre lo contrario del Evangelio el edificio de la *iglesia...*

Quien buscase indicios de que tras el magno juego cósmico opera una divinidad irónica encontraría un asidero por demás sólido en el *interrogante tremendo* que se llama cristianismo. El que la humanidad se postre ante lo contrario de lo que fue el origen, sentido y *derecho* del Evangelio; el que en el concepto «iglesia» haya santificado precisamente lo que el portador de la «buena nueva» sentía como debajo de sí, como *detrás* de sí. En vano puede encontrarse una expresión más grande de *ironía histórica mundial.*

~ 37 ~

_____

Nuestra época se enorgullece de su sentido histórico; ¿cómo puede creer el absurdo de que en el principio del cristianismo está la *burda fábula del taumaturgo y redentor,* y que todo lo espiritual y simbólico es solo una evolución posterior? Por el contrario, la historia del cristianismo, a partir de la muerte en la cruz, es la historia de un malentendido cada vez más burdo sobre un simbolismo *original.* Conforme el cristianismo se propagaba entre masas más vastas y más rudas, carentes para comprender las condiciones en que se había originado, era necesario *vulgarizarlo y barbarizarlo.* Ha absorbido doctrinas y ritos de todos los cultos *clandestinos* del Imperio romano, el absurdo de toda clase de razón enferma. La fatalidad del cristianismo reside en el hecho de que su credo tenía que volverse tan enfermo, bajo y vulgar como las necesidades que estaba llamado a satisfacer. La Iglesia es la barbarie enferma hecha potencia; la Iglesia, esta forma de la enemistad mortal a toda probidad, a toda *altura* del alma, a toda disciplina del espíritu, a toda humanidad generosa y cordial. Los valores *cristianos* y los valores *aristocráticos*: ¡solo nosotros, los espíritus emancipados, hemos restablecido esta oposición de valores más grandes que existe!

~ 38 ~

A estas alturas, no puedo evitar un suspiro. Días hay en que me domina un sentimiento más negro que la más negra melancolía: el *desprecio hacia los hombres*. Y para no dejar lugar a dudas acerca de qué es lo que desprecio, quién es el que desprecio, aclaro: es el hombre de ahora, el hombre del que de un modo fatal resulto contemporáneo. El hombre de ahora; me asfixia su aliento impuro... Hacia lo pasado, como toda criatura consciente, practico una gran tolerancia, esto es, un *generoso* dominio de mí mismo: recorro con una cautela sombría el manicomio de milenios enteros, ya se llame «cristianismo», «credo cristiano» o «iglesia cristiana», cuidándome muy mucho de hacer responsable a la humanidad por sus locuras. Pero mi sentimiento experimenta un vuelo y estalla en cuanto me asomo a los tiempos modernos, a *nuestros* tiempos. Nuestra época está *esclarecida*... Lo que antes era tan solo una enfermedad, es ahora una indecencia; ahora es indecente ser cristiano. Y *este es el punto de partida de mi asco.* Miro en torno: no ha quedado una sola palabra de lo que en un tiempo se llamara «verdad»; ya no soportamos ni que un sacerdote pronuncie la palabra «verdad». Por muy modesta que sea la probidad exigida, hoy día no se puede menos que saber que con cada frase que pronuncia un teólogo, un sacerdote, un papa, no yerra, *miente*; que ya no es posible mentir «con todo candor», «por ignorancia». También el sacerdote sabe como todo el mundo que ya no hay ningún «Dios», ningún «pecador» ni ningún «Redentor»; que el «libre albedrío» y el «orden moral» son *mentiras*; la seriedad, la profunda autosuperación del espíritu ya no permite a nadie *ignorar* todo esto. Todos los conceptos de la Iglesia están desenmascarados como lo que son: como la más maligna sofisticación que existe, con miras a *desvalorizar* la Naturaleza, los valores naturales; el sacerdote mismo está desenmascarado como lo que es: como el tipo más peligroso de parásito, la araña venenosa propiamente dicha de la vida... Sabemos, nuestra *conciencia* sabe hoy, qué valen, para qué han servido, en definitiva, esas invenciones inquietantes y siniestras de los sacerdotes y de la Iglesia con las que ha sido alcanzado ese estado de autoviolación de la humanidad que ha hecho de ella un espectáculo repugnante. Los conceptos «más allá», «juicio final», «inmortalidad del alma», «alma»; se trata de instrumentos de tortura, de sistemas de crueldades mediante los cuales el sacerdote llegó al poder y se ha mantenido en él... Todo el mundo sabe esto; *y sin embargo, todo sigue igual que antes.* ¿Dónde ha ido a parar el último resto de decencia, de respeto propio, ya que hasta nuestros estadistas, por lo demás hombres nada escrupulosos y anticristos de la acción cien por cien, se llaman todavía cristianos y comulgan?... ¡Un príncipe al frente de sus regimientos, magnífica expresión de la auto-afirmación y soberbia de su pueblo, pero haciendo sin pizca de vergüenza profesión de fe cristiana!... ¿A quién niega el cristianismo? ¿Qué es lo que llama «mundo»? El ser soldado, juez, patriota; el resistir; el ser un hombre de pundonor; el buscar su propia ventaja; el ser orgulloso... Cada práctica de cada instante, cada instinto, cada valoración traducida en acción, es hoy día de carácter anticristiano; ¡qué *engendro de falsía* ha de ser el hombre moderno, ya que a pesar de todo *no le da vergüenza* llamarse todavía un cristiano!

~39~

Voy a contar ahora la *verdadera* historia del cristianismo. La misma palabra «cristianismo» es un malentendido; en el fondo, no hubo más que un solo cristiano que murió crucificado. El Evangelio *murió* crucificado. Lo que a partir de entonces se llamaba Evangelio era ya lo contrario de aquella vida: una «*mala nueva*», un *disangelio*. Es absurdamente falso considerar como rasgo distintivo del cristiano una «fe», acaso la fe en la redención de Cristo; solo es cristiana la *práctica* cristiana, una vida como la que *vivió* el que murió crucificado... Tal vida es todavía hoy factible, y para determinadas personas hasta necesaria: el cristianismo verdadero, genuino, será factible en todos los tiempos... *No* una fe, sino un hacer, sobre todo un *no hacer* muchas cosas, un *ser* diferente... Los estados de conciencia, cualquier fe, por ejemplo, el creer cierta tal o cual cosa, todos los psicólogos lo saben, son totalmente indiferentes y de quinto orden frente al valor de los instintos; más estrictamente: todo el concepto de la causalidad mental es falso. Reducir el ser cristiano, la esencia cristiana, a un creer cierta tal o cual cosa, a un mero fenomenalismo de la conciencia, significa negar la esencia cristiana. *No ha habido cristianos, en efecto.* El «cristiano», lo que desde hace dos milenios se viene llamando cristiano, no es sino un malentendido psicológico sobre sí mismo. Bien mirado, dominaban en él, pese a toda «fe», exclusivamente los instintos —¡y *qué instintos!*—. En todos los tiempos, por ejemplo en el caso de Lutero, la fe no ha sido más que un manto, un pretexto, una *cortina* detrás de la cual los instintos hacían de las suyas; una prudente ceguera para el imperio de *determinados* instintos... Ya en otro lugar he llamado fe a la *astucia* cristiana propiamente dicha; siempre se ha *hablado* de la «fe», siempre se ha *obrado* guiado por el instinto... En el mundo de las nociones cristianas no sé de nada que siquiera roce la realidad; en cambio hemos descubierto en el odio instintivo a toda realidad el impulso motor, el único impulsor motor del cristianismo. ¿Qué se infiere de esto? Que también *in psychologicis* [en cuestiones psicológicas] el error es aquí radical, esto es, esencial, esto es, sustancia. ¡Basta sustituir un solo concepto por una realidad para que todo el cristianismo quede en la nada! Visto desde lo alto, es el más singular de todos los hechos: una religión no ya condicionada por errores, sino creadora, y aun genial, únicamente en errores perjudiciales que envenenan la vida y el corazón es un *espectáculo digno de dioses*; de esas divinidades que son al mismo tiempo filósofos y a las cuales he encontrado por ejemplo en relación con aquellos famosos diálogos en Naxos. En cuanto se desprenda de ellos (¡y de nosotros!) el asco, agradecerán el espectáculo que les ofrece el cristiano; solo por *este* caso curioso el minúsculo astro denominado Tierra acaso se haga acreedor a la mirada, al interés, de un dios... Pues no hay que subestimar al cristiano: este, falso *hasta el extremo del candor,* se halla muy por encima del mono: con respecto a los cristianos, cierta teoría bien conocida de la descendencia es una mera gentileza...

~ **40** ~

_____

La fatalidad del Evangelio se decidió con la muerte; pendió de la «cruz»... Solo la muerte, esta muerte inesperada e ignominiosa; solo la cruz, reservada en general a la *canaille*, solo esta pavorosa paradoja planteó a los discípulos el interrogante propiamente dicho: «*¿quién fue* ese hombre?»; «¿qué significó este aconteci-miento?». Es harto comprensible el sentimiento de estupor y de profundo agravio, el recelo de que tal muerte significara la *refuta-ción* de su causa, el terrible interrogante: «¿por qué precisamente así?». Aquí todo *debía* ser necesario, tener sentido, razón, razón suprema; el amor de discípulo no sabe de contingencias. Solo entonces se abrió el abismo: «¿quién le dio muerte?; ¿quién fue su enemigo natural?». Brotaron cual relámpagos estas preguntas. Y la respuesta fue: el judaísmo *gobernante*; su clase más alta. Desde ese momento se le suponía frente al orden imperante, se entendía a Jesús *a posteriori sublevado contra el orden imperante*. Hasta en-tonces había faltado en la estampa de Jesús este rasgo bullicioso del decir no, de hacer no; más aún, había sido la antítesis de Jesús. Evidentemente la pequeña comunidad no comprendió lo principal, lo ejemplar de ese modo de morir, la libertad, la supe-rioridad sobre todo resentimiento: ¡indicio de lo poco que en un plano general comprendió de él! Con su muerte Jesús evidentemente no se propuso otra cosa que dar en público la prueba más convincente de su doctrina... Pero sus discípulos no estuvieron dispuestos a *perdonar* esta muerte, como hubiera sido evangélico en el sentido más elevado, y menos a ofrecerse con dulce calma serena para sufrir idéntica muerte... Volvió a privar precisamente el sentimiento más antievangélico, la *venganza*. No se concebía que la cosa terminara con esta muerte; se necesitaba «represalia», «castigo» (y sin embargo, ¡qué hay tan antievangélico como la «represalia», el «castigo», el «juicio»!). Una vez más pasó a primer plano la esperanza popular en el advenimiento de su Mesías; se consideró un momento histórico: el «reino de Dios» juzgando a sus enemigos... Pero de este modo todo quedaba tergiversado: ¡el «reino de Dios» como acto final, como promesa! El Evangelio había sido precisamente la existencia, consumación, *realidad* de este «reino». Justamente tal muerte *era* este «reino de Dios». Solo entonces se incorporó a la figura del maestro todo el desprecio y encono hacia los fariseos y los teólogos; ¡de esta forma *se hizo* de él un fariseo y teólogo! Por otra parte, la veneración exacerbada de esas almas desquiciadas ya no soportaba esa igualdad evangélica de todos como hijos de Dios que había enseñado Jesús; su venganza consistía en *elevar* de una manera extravagante a Jesús, del mismo modo que en un tiempo los judíos, ansiosos de vengarse de sus enemigos, habían desprendido de ellos y elevado a su dios. El solo Dios y el solo hijo de Dios son por igual un producto del resentimiento...

~41~

A partir de entonces, quedaba planteado un problema absurdo: «¡cómo *había podido* Dios permitir esto!». A este interrogante hallaba la razón perturbada de la pequeña comunidad una respuesta terriblemente absurda: Dios inmoló a su hijo para perdón de los pecados, como víctima propiciatoria. ¡Cómo acabó de golpe el Evangelio! ¡La víctima propiciatoria, y aun en su forma más repugnante y bárbara, el sacrificio del *inocente* por los pecados de los culpables! ¡Qué paganismo tan pavoroso! Jesús había abolido el mismo concepto de «culpa»; había negado toda distancia entre Dios y el hombre; había *vivido* esta unidad de Dios y el hombre como *su* «buena nueva»... ¡Y *no* como prerrogativa! A partir de entonces, se iba incorporando gradualmente al tipo de Redentor la doctrina del juicio y de la resurrección, la doctrina de la muerte como muerte sufrida para reparar la culpa de los hombres y la doctrina de la *resurrección,* con la cual estaba escamoteado todo el concepto «bienaventuranza», toda única realidad del Evangelio, ¡en favor de un estado de ultratumba!... Pablo dio a esta concepción, a este *ultraje* de concepción, con ese descaro de sutilizante que lo caracteriza, esta fundamen- tación: «*si* Cristo no ha resucitado de entre los muertos, nuestra fe es vana». Y de pronto el Evangelio quedó convertido en la más despreciable de todas las promesas imposibles de cumplir: la doctrina *insolente* de la inmortalidad de la persona... ¡El propio Pablo la enseñó aun como *premio*!

~ 42 ~

Como se ve, la muerte en la cruz puso fin a un nuevo y desde todo punto original conato de movimiento pacifista búdico, de *felicidad terrenal* efectiva, no solamente prometida. Pues, como ya subrayé, tal es la diferencia principal de estas dos religiones de la *décadence*: el budismo no promete, sino cumple, en tanto que el cristianismo promete todo, pero *no cumple nada.* A la «buena nueva» la sustituyó la peor, la de Pablo. En Pablo encarna la antípoda del portador de la «buena nueva», el genio en el odio, en la visión del odio. ¡Hay que ver lo que este disangelista sacrificó al odio! Sobre todo, al propio Redentor; lo clavó en *su* cruz. La vida, el ejemplo, la doctrina, la muerte, el sentido y el derecho de todo el Evangelio; nada de esto quedó al comprender este falsario por odio lo que le convenía para sus fines: ¡*no* la realidad; *no* la verdad histórica!... Y una vez más el instinto sacerdotal del judío cometió el mismo grave crimen contra la historia (hasta aquí regleta vieja, desde aquí regleta nueva); borró sin más ni más el ayer, el anteayer del cristianismo y *se inventó una historia del primitivo cristianismo.* Todavía más, falseó otra vez la historia de Israel, presentándola como antecedente de su propio acto, como si todos los profetas hubiesen hablado de *su* «Redentor»... Más tarde, la Iglesia hasta falseó la historia de la humanidad en el sentido de una prehistoria del cristianismo... El tipo del Redentor, la doctrina, la práctica, la muerte, el sentido de la muerte, hasta el epílogo de la muerte..., nada permaneció intacto, ni siquiera conservó una semejanza con la realidad. Pablo simplemente situó el centro de gravedad de toda aquella existencia *detrás* de dicha existencia, en la *mentira* del Jesús «resucitado». En el fondo, no le servía la vida del Redentor; precisaba la muerte en la cruz, amén de algo más... Creer en la sinceridad de Pablo, oriundo de la sede principal del esclarecimiento estoico, al tomar una alucinación por la *prueba* de que el Redentor vivía todavía, o dar siquiera crédito a su afirmación de que tuvo esta alucinación sería de parte de un psicólogo una verdadera *niaiserie**. Pablo buscaba su fin y, *por ende*, también los medios conducentes al logro del mismo... Lo que él no creía, lo creían los idiotas entre los cuales propagaba *su* doctrina. *Su* necesidad era el *poder*; con Pablo, el sacerdote trató una vez más de erigirse en amo; solo le convenían conceptos, doctrinas y símbolos que sirvieran para tiranizar masas y organizar una grey. ¿Qué fue lo único que más tarde Mahoma tomó prestado del cristianismo? La invención de Pablo, su medio para establecer una tiranía de los sacerdotes y organizar una grey: la fe en la inmortalidad, vale decir, *la doctrina del «juicio»*...

---

* Tontería, necedad, bobería.

~ 43 ~

_____

Si se sitúa el centro de gravedad de la vida no en la vida, sino en el «más allá» —*en la nada*—, se despoja la vida de gravedad. La gran mentira de la inmortalidad de la persona destruye toda razón, toda naturalidad, en el instinto; todo lo que hay de benéfico, de vital, de grávido, de porvenir en los instintos despierta entonces la suspicacia. Vivir de forma que ya no tenga sentido vivir; he aquí lo que llega a ser entonces el sentido de la vida... ¿Para qué inspirarse en un espíritu de solidaridad, sentir gratitud hacia los antepasados? ¿Para qué cooperar, confiar, promover cualquier bien común?... Se trata de otras tantas «tentaciones». De otras tantas desviaciones del «justo camino». «Una sola cosa hace falta»... Que cada cual, como «alma inmortal», sea igual a cada cual; que dentro de la totalidad de los seres la «salvación» de cada cual pretenda a título legítimo atribuirse una importancia eterna; que pequeños mojigatos y medio locos tengan derecho a imaginarse que por ellos dejan constantemente de regir las leyes de la Naturaleza; no hay desprecio suficiente para estigmatizar tal exacerbación de toda clase de egoísmos hasta el infinito, hasta la *insolencia*. Y, sin embargo, a tan deplorable halago a la vanidad de la persona debe el cristianismo su *triunfo*; de este modo ha atraído precisamente a todos los malogrados, díscolos y desheredados, toda la hez y escoria de la humanidad. La «salvación del alma» quiere decir: «el mundo gira alrededor de *mí*» El veneno de la igualdad de derechos por nadie ha sido esparcido tan sistemáticamente como por el cristianismo. Desde los más recónditos rincones de los malos instintos el cristianismo ha librado una guerra sin cuartel a todo sentimiento de veneración y distancia jerárquica entre los hombres, esto es a la *premisa* de toda elevación y expansión de la cultura; del resentimiento de las masas se ha forjado su *arma principal* blandida contra *nosotros*, contra todo lo aristocrático, gallardo y generoso sobre la tierra, contra nuestra felicidad sobre la tierra... La «inmortalidad», acordada a fulano y zutano, ha sido hasta ahora el atentado más grave contra la humanidad *aristocrática*. ¡Y no subestimemos la fatalidad que partiendo del cristianismo ha penetrado hasta en la política! Ya nadie trata de reivindicar prerrogativas y derechos de señoría, experimentar un sentimiento de veneración ante sí mismo y ante los que le son afines, proclamar un *pathos de la distancia jerárquica*... ¡Nuestra política *se resiente* de esta falta de coraje! El aristocratismo de la idiosincrasia ha sido socavado del modo más subrepticio por la mentira de la igualdad de las almas, y si la creencia en la «prerrogativa de los más» hace, y *hará,* revoluciones, ¡no se dude de que es el cristianismo, el imperio de los juicios de valores *cristianos,* lo que toda revolución traduce en sangre y crimen! El cristianismo es una sublevación de todo lo vil y rastrero contra lo que tiene «altura»; el evangelio de los «humildes» rebaja...

~44~

_____

Los Evangelios son inestimables, como testimonio de la corrupción, ya irremediable, prevaleciente *en el seno* de la comunidad primitiva. Lo que más tarde Pablo remató con el cinismo sutilizante propio del rabino, era el proceso de decadencia iniciado con la muerte del Redentor. Todo cuidado que se ponga en la lectura de los Evangelios es poco; cada palabra entraña muchas dificultades. Admito, no se me tomará a mal que lo diga, que por esta misma razón son para el psicólogo una fuente de placer de primer orden: como *antítesis* de toda corrupción ingenua, como el refinamiento por excelencia, como arte y maestría en la corrupción psicológica, los Evangelios ocupan un lugar aparte. Toda la Biblia constituye algo único que no admite comparación. Se está entre judíos: *primer* punto de vista a considerar para no perder por completo el hilo. Este fingimiento hecho genio en el sentido de la «santificación», no igualado ni remotamente en parte alguna entre los libros y los hombres, esta sofisticación de las palabras y los ademanes como *arte*, no obedece al azar de algún talento individual, de algún modo de ser excepcional. Requiere esto: *raza*. En el cristianismo, como arte de mentir santamente, todo el judaísmo, una rigurosísima práctica y técnica judía multisecular, alcanza su plena maestría. El cristiano, esta *última ratio* de la mentira, es el judío dos veces y aun tres... La voluntad fundamental de usar exclusivamente conceptos, símbolos y actitudes probados por la práctica del sacerdote, el rechazo instintivo de cualquier otra práctica, de cualquier otra perspectiva de calor y utilidad, no supone mera tradición, sino *herencia*; solo como herencia obra cual segunda naturaleza. La humanidad toda, sin exceptuar los mejores espíritus de los mejores tiempos (excepción hecha de uno, que tal vez no sea más que un monstruo), ha sido víctima del engaño. Se ha leído el Evangelio como si fuese el *Libro de la Inocencia*..., hecho este que prueba de un modo concluyente la maestría con que se ha fingido. Claro que si pudiésemos ver, siquiera de paso, a todos esos curiosos mojigatos y santos habilidosos se acabaría la farsa, y precisamente porque yo no leo palabras sin ver ademanes, *acabo con ellos*... Yo no soporto en ellos cierta manera de alzar los ojos.

Por fortuna, los libros son para los más mera *literatura*. No hay que dejarse confundir: dicen «¡no juzguéis!»; sin embargo, mandan al infierno a cuanto los estorba. Haciendo juzgar a Dios, juzgan ellos mismos; glorificando a Dios, se glorifican a sí mismos; postulando las virtudes que ellos son capaces de practicar, aún más, que ellos necesitan para mantenerse en su posición dominante, dan la magna apariencia de que luchan por la virtud, bregan por el imperio de la virtud. «Vivimos, morimos, nos sacrificamos por el bien» (por «la verdad», «la luz», el «reino de Dios»); en realidad hacen lo que no pueden menos que hacer. Pretenden presentar como un *deber* su propio modo de ser que los condena a una vida rastrera, a estar sentados en el rincón, a vivir cual sombras a la sombra; en virtud de la noción del deber su vida aparece como humildad, y como humildad es una prueba más de la piedad... ¡Oh, qué mendacidad tan humilde, casta y misericordiosa! «La virtud misma ha de dar fe de nosotros». Hay que leer los Evangelios como libros de seducción por la *moral*; esa pequeña gente monopoliza la moral: ¡bien sabe ella lo que hay con la moral! ¡Es la moral el medio más eficaz para *engañar* a la humanidad!

La verdad es que aquí la más consciente *soberbia de quienes se creen elegidos* finge modestia; se ha situado a sí misma, a la «comunidad», a los «buenos y justos» de una vez por todas en un lado: el de «la verdad», y el resto, «el mundo», en el otro... Tal ha sido la forma más fatal de megalomanía que se ha dado jamás sobre la tierra: pequeñas gentes mojigatas y mentirosas se pusieron a usurpar los conceptos «Dios», «verdad», «luz», «espíritu», «amor», «sabiduría» y vida», casi como sinónimos de sí mismas, para distanciarse así del «mundo»; pequeños judíos superlativos, maduros para alojarse en toda clase de manicomios, invirtieron los valores con arreglo a su propia persona como si solo el cristiano fuese el sentido, la sal, la medida y también el *juicio final* de todo el resto... Toda esa fatalidad solo fue posible por la circunstancia de que ya existía en el mundo un tipo afín, racialmente afín, de megalomanía: el *judío*; una vez abierto el abismo entre los judíos y los cristianos de origen judío, estos no tenían más remedio que emplear los mismos procedimientos de conservación que aconsejaba el instinto judío *contra* los judíos mismos, en tanto que estos los habían empleado únicamente contra todo el mundo *no* judío. El cristiano no es más que un judío de confesión «más *libre*».

~ 45 ~

Ofrezco a continuación algunas pruebas de lo que esa pequeña gente se ha metido en la cabeza; de lo que ha *puesto en boca* de su maestro: sin excepción confesiones de «almas sublimes».

«Y dondequiera que os desecharen, no queriendo escucharos, retiraos de allí, sacudid el polvo de vuestros pies en testimonio contra ellos. En verdad os digo que Sodoma y Gomorra serán tratadas con menor rigor en el día del juicio, que la tal ciudad» (San Marcos, 6, 11). ¡Qué *evangélico*!...

«Al que escandalizare a alguno de estos pequeños que creen en mí, mucho mejor le fuera que le ataran al cuello una de esas piedras de molino que mueve un asno y le echaran al mar» (San Marcos, 9, 41). ¡Qué *evangélico*!...

«Si tu ojo te sirve de tropiezo, arráncalo: más te vale entrar tuerto en el reino de Dios, que tener dos ojos y ser arrojado al fuego del infierno; donde el gusano que les roe nunca muere, ni el fuego jamás se apaga» (San Marcos, 9, 46-47). Estas palabras no se refieren precisamente al ojo...

«En verdad os digo, que algunos de los que aquí están no han de morir antes de ver el advenimiento de Dios y su potestad» (San Marcos, 8, 39). ¡Qué bien *mentido*!...

«Si alguno quiere seguirme, niéguese a sí mismo, y cargue con su cruz, y sígame. *Pues...*» (*comentario de un psicólogo.* La moral cristiana es refutada por sus *«pues»*: sus «razones» refutan; cuadra todo esto con la esencia cristiana). (San Marcos. 8, 34).

«No juzguéis, *para que no* seáis juzgados. Porque con el mismo juicio con que juzgareis, habéis de ser juzgados, y con la misma medida con que midiereis, seréis medidos vosotros» (San Mateo, 7, 1-2). ¡Vaya un concepto de la justicia, del juez «justo»!...

«Que si no amáis sino a los que os aman, *¿qué premio habéis de tener?* No lo hacen así también los publicanos? Y si no saludáis a otros que a vuestros hermanos, *¿qué hacéis además?* ¿Por ventura no hacen también esto los paganos?» (San Mateo, 5, 46-47). Principio del «amor cristiano»: pretende, en definitiva, una buena *remuneración...*

«Pero si vosotros no perdonáis a los hombres, tampoco vuestro Padre perdonará vuestros pecados» (San Mateo, 6. 15). ¡No arroja esto una luz muy favorable que digamos sobre el susodicho «Padre»!...

«Así que buscad primero el reino de Dios y su justicia y todas estas cosas se os darán por añadidura» (San Mateo, 6, 33). Todas estas cosas: quiero decir, alimento, ropa, todo cuanto se necesita para vivir. Un *error,* para decir poco... Algunas líneas más arriba, Dios aparece como sastre; en determinados casos, por lo menos...

«Alegraos en aquel día y saltad de gozo, *pues* os está reservada en el cielo una gran recompensa; tal era el trato que daban sus padres a los profetas» (San Lucas, 6, 23). ¡Qué gente tan insolente! ¡Hasta le da por compararse con los profetas!...

«¿No sabéis vosotros que sois templo de Dios, y que el Espíritu de Dios mora en vosotros? Pues si alguno profanare el templo de Dios, *Dios le perderá a él*. Porque el templo de Dios, *que sois vosotros*, santo es» (Epístola I a los Corintios, 3, 16-17). Tales conceptos merecen el más profundo desprecio...

«¿No sabéis que los santos han de juzgar este mundo? Pues si el mundo ha de ser juzgado por vosotros, ¿no seréis dignos de juzgar estas menudencias?» (Epístola I a los Corintios, 6, 2). Desgraciadamente, estas no son meras palabras de un demente... Este *terrible embustero* prosigue literalmente: «¿No sabéis que hemos de ser jueces hasta de los ángeles? ¿Cuánto más de las cosas mundanas?»...

«¿No es verdad que Dios ha considerado como fatua la sabiduría de este mundo? Porque ya que el mundo a vista de la sabiduría divina no conoció a Dios por medio de la ciencia, plugo a Dios salvar a los que creyesen en él por medio de la locura de la predicación... Considerar, si no, hermanos, quiénes son los que han sido llamados de entre vosotros, cómo no sois muchos los sabios según la carne, ni muchos los poderosos, ni muchos los nobles. Sino que Dios ha escogido a los necios según el mundo, para confundir a los fuertes, y a las cosas viles y despreciables del mundo, y a aquellas que no valían nada, para destruir las que valen: a fin de que ningún mortal se jacte ante su acatamiento». (Epístola I a los Corintios, 1, 20 y siguientes). Para *comprender* este pasaje, testimonio capital de la psicología de toda moral *tshandala*, léase la primera disertación de mi *Genealogía de la moral*, donde se destaca por vez primera el contraste entre la moral *aristocrática* y la moral *tshandala*, basada esta última en el resentimiento y el odio impotente. Pablo fue el más grande de todos los apóstoles de la venganza...

~ 46 ~

_____

¿Qué se infiere de esto? Que es necesario ponerse guantes cuando se lee el Nuevo Testamento. La proximidad de tanta impureza impone casi esta medida. No aceptaríamos la compañía de «primitivos cristianos», como no buscamos la de judíos polacos; no hace falta siquiera esgrimir argumentos para refutarlos… ¡Unos y otros no huelen bien! En vano he buscado en el Nuevo Testamento un solo rasgo simpático; no hay en él nada que sea liberal, bondadoso, franco, decente. Aquí la humanidad ni ha comenzado; faltan los instintos de la *limpieza*… No hay en el Nuevo Testamento más que *malos* instintos; no hay en él ni siquiera la valentía de afirmar estos malos instintos. Todo es cobardía, prurito de cerrar los ojos y engaño de sí mismo. Cualquier libro parece limpio cuando se lo lee después del Nuevo Testamento; por ejemplo, inmediatamente después de Pablo leí con íntimo deleite a Petronio, ese ironista más donoso, más travieso, del que pudiera decirse lo que Domenico Boccaccio escribió al duque de Parma sobre Cesare Borgia: «*È tutto festo*» [todo él es firme]; inmortalmente sano, inmortalmente alegre y bien nacido… Pues esos pequeños mojigatos desaciertan en la cosa principal. Atacan, pero todo lo que es atacado por ellos queda así *distinguido*. Es un honor provocar la ira de los «primitivos cristianos». No se lee el Nuevo Testamento sin sentirse

atraído por lo que maltrata; para no hablar de la «sabiduría de este mundo», que un alborotador insolente trató en vano de desacreditar «por medio de la locura de la predicación»... Mas incluso los fariseos y los escribas se benefician con tal enemistad; algo valdrían, ya que fueron odiados de una manera tan indecente. Hipocresía, ¡vaya un reproche en boca de «primitivos cristianos»! En último análisis, los fariseos y los escribas eran los *privilegiados*; con esto basta para que se desate el odio *tshandala [chandala]*. El «primitivo cristiano», me temo que también el último cristiano, *que yo viviré tal vez para verlo*, empujado por su más soterrado instinto se subleva contra todo lo privilegiado; ¡vive y lucha siempre por la «igualdad de derechos»!... Bien mirado, no tiene más remedio. Si uno pretende ser personalmente un «elegido de Dios», o un «templo de Dios», o un «juez de los ángeles»; cualquier principio selectivo diferente, basado, por ejemplo, en la honradez, en el espíritu, en la virilidad y el orgullo, en la belleza y libertad del corazón, es simplemente «mundo»; *el mal en sí*... Moraleja: palabra que pronuncia un «primitivo cristiano» es una mentira, y acto que lleva a cabo, una falsía instintiva; todos sus valores, todos sus objetivos, son perjudiciales, mas todo objeto de su odio, ya sea persona o cosa, *tiene valor*... El cristiano, el sacerdote cristiano señaladamente, es un *criterio de los valores*. ¿Será necesario agregar que en todo el Nuevo Testamento hay una sola figura que se hace acreedora a nuestra narración? Es Pilato, el lugarteniente romano. Él no se aviene a tomar *en serio* un pleito de judíos. ¿Qué le importa judío más, judío menos?... La burla aristocrática de un romano ante el cual se hace un abuso insolente de la palabra «verdad» ha enriquecido el Nuevo Testamento con las únicas palabras que en él *tienen valor*, y que implican su crítica, y aun su destrucción: «¡qué es la verdad!...».

~ 47 ~

_____

Lo que nos diferencia a nosotros no es el hecho de que ya no encontramos un Dios ni en la historia ni en la Naturaleza, ni tampoco tras la Naturaleza, sino que lo que ha sido venerado como Dios se nos antoja, no «divino», sino lamentable, absurdo y perjudicial; no ya un error, sino un *crimen contra la vida*... Negamos a Dios como Dios... Y si se nos *probase* a este dios de los cristianos, aún menos sabríamos creer en él. Expresado en una fórmula: *deus qualem Paulus creavit, dei negatio [Dios, tal como lo creó Pablo, es la negación de Dios]*.

Una religión como el cristianismo, que en ningún punto toca a la realidad y se viene abajo en cuanto la realidad se impone siquiera en un solo punto, no puede por menos de ser la enemiga mortal de la «sabiduría de este mundo», vale decir, de la *ciencia*; aprobará todos los medios por los cuales sea posible emponzoñar, difamar y desprestigiar la disciplina del espíritu, la estrictez austera en las cuestiones de conciencia del espíritu, la reserva y libertad aristocráticas del espíritu.

La «fe» como imperativo es el veto a la ciencia, y en la práctica la mentira a cualquier precio... Pablo comprendió que hacía falta la mentira, «la fe»; la Iglesia, a su vez, comprendió más tarde a Pablo. Ese «Dios» inventado por Pablo, un dios que «confunde» la «sabiduría de este mundo» (en sentido estricto, las dos grandes contrincantes de toda superstición: la filología y la medicina), no es en realidad sino la firme *resolución* de Pablo en este sentido; llamar a su propia voluntad «Dios», *thora*, es típicamente judío. Pablo está decidido a «confundir la sabiduría de este mundo»; sus enemigos son los *buenos* filólogos y médicos formados en Alejandría: a ellos plantea la guerra. En efecto, no se es filólogo y médico sin ser al mismo tiempo *anticristiano*. Pues como filólogo se mira *detrás* de los «libros sagrados», y como médico, *detrás* de la degeneración fisiológica del tipo cristiano. El médico dictamina «incurable», y el filólogo «chralatanería»…

~ 48 ~

_____

¿Se ha comprendido la famosa historia que encabeza el relato de la Biblia, la del miedo terrible de Dios a la *ciencia*?... No se la ha comprendido. Este libro sacerdotal por excelencia empieza, como es natural, por la gran dificultad interior del sacerdote; este no conoce más que *un* grave peligro, *luego* «Dios» no conoce más que *un* grave peligro.

El viejo Dios, todo «espíritu», todo pontífice, todo perfección, se pasea por su jardín, y se aburre. Ni los dioses pueden evitar el aburrimiento. ¿Qué hace Dios para remediarlo? Inventa al hombre, puesto que el hombre es entretenido... Pero he aquí que también el hombre se aburre. Reacciona Dios con una simpatía sin límites contra la única desventura propia de todos los paraísos y crea otros animales. Primer desacierto de Dios: el hombre no encontró entretenidos a los animales; se erigió en amo de ellos, no quiso ser ni siquiera «animal». En consecuencia, Dios creó la mujer. Y entonces se acabó, en efecto, el aburrimiento; ¡pero también se acabaron otras cosas! La mujer fue el *segundo* desacierto de Dios. «La mujer es por su esencia serpiente, Heva», como lo saben todos los sacerdotes; «la mujer es la raíz de *todos* los males en el mundo»; esto también lo saben todos los sacerdotes. «*Luego,* ella es también la raíz de la *ciencia*»… Solo a causa de la mujer el hombre aprendió a comer del fruto del árbol de la ciencia del bien y del mal. ¿Qué había pasado? El viejo Dios se sintió preso de un miedo terrible. El hombre resultaba ser su mayor desacierto; con él se había creado a sí mismo un rival: la ciencia hace *semejante a Dios*; ¡los sacerdotes y los dioses están perdidos si el hombre se vuelve científico! Moraleja: la ciencia es lo prohibido en sí; únicamente ella es prohibida. La ciencia es el pecado primordial, el germen de todo pecado, el pecado original. *Solo esto es la moral.* «No conocerás»: todo lo demás se sigue de este mandamiento. Su miedo terrible no impidió a Dios ser listo e inteligente. ¿Cómo se combate la ciencia? Tal fue durante largo tiempo su problema capital. Respuesta: ¡hay que expulsar al hombre del paraíso! La felicidad, el ocio, lleva a pensar, todos los pensamientos son malos pensamientos… El hombre no *debe* pensar. Y el «sacerdote en sí» inventa el apremio, la muerte, el peligro moral del embarazo, toda clase de miseria, vejez y desventura, sobre todo la *enfermedad*; ¡en su totalidad medios para combatir a la ciencia! El apremio no permite al hombre pensar… ¡Y, sin embargo!, ¡horror!, la obra del conocimiento se va agigantando, asaltando el cielo, amenazando con la ruina la divinidad. ¿Qué hacer? El viejo Dios inventa la *guerra*, desune a los pueblos y hace que los hombres se destruyan unos a otros (los sacerdotes siempre han tenido necesidad de la guerra…). La guerra es, ¡entre otras cosas, una grande perturbadora de la ciencia! ¡Increíble! El conocimiento, *la emancipación de los hombres del sacerdote*, progresa aun a pesar de las guerras. Entonces, el viejo Dios llega a esta conclusión última: «el hombre se ha vuelto científico; ¡*no hay más remedio que ahogarlo*!»…

~ 49 ~

_____

Se me ha comprendido. El comienzo de la Biblia contiene *toda* la psicología del sacerdote. El sacerdote no conoce más que *un* grave peligro: la ciencia; el concepto sano de causa y efecto. Mas en su conjunto, la ciencia solo prospera bajo condiciones propicias; hay que tener tiempo, espíritu, *de sobra* para «conocer»... «En consecuencia, hay que provocar la desgracia del hombre», tal ha sido en todos los tiempos la lógica del sacerdote. Ya se adivina lo que solo a raíz de esta lógica se ha incorporado al mundo: el «pecado»...

El concepto de culpa y castigo, todo el «orden moral», está inventado para combatir la ciencia; para *combatir* la emancipación de los hombres del sacerdote... El hombre no debe mirar más allá, sino adentro de sí mismo; no debe mirar, inteligente y prudentemente, aprendiendo adentro de las cosas; no debe mirar, en fin, sino *sufrir*... Y debe sufrir de manera que tenga en todo tiempo necesidad del sacerdote. ¡Fuera los médicos; *lo que hace falta es un Salvador.*

La noción de culpa y castigo, así como la doctrina de la «gracia», de la «redención» y del «perdón», *mentiras* cien por cien, desprovistas de toda realidad psicológica, están inventadas para destruir el *sentido causal* del hombre; ¡representan el atentado contra el concepto «causa y efecto»! ¡Y no un atentado llevado a cabo a puñetazo limpio, a punta de cuchillo, con la sinceridad en el odio y el amor!, ¡sino uno dictado por los instintos más bajos, cobardes y pérfidos! ¡Un atentado de *sacerdotes*! ¡*Un atentado de parásitos*! ¡Un vampirismo de pálidos y furtivos chupadores de sangre!... Si las consecuencias naturales de los actos dejan de ser «naturales»; si se las concibe determinadas por fantasmas conceptuales de la superstición, por «Dios», «espíritus», «almas», como consecuencias exclusivamente «morales», como premio, castigo, advertencia, recurso educativo, queda destruida la premisa del conocimiento; *queda cometido el crimen más grave contra la humanidad*. El pecado, esta forma de autoviolación del hombre por excelencia, como queda dicho, está inventado para imposibilitar la ciencia, la cultura, toda elevación y aristocratismo del hombre. El sacerdote *señorea* en virtud de la invención del pecado.

~ 50 ~

Insisto en este lugar en un análisis psicológico de la «fe», de los «fieles»; en beneficio, como es natural, precisamente de los «fieles». Si hoy no faltan quienes no saben que ser un «creyente» es indecente, o bien un síntoma de *décadence*, de impulso vital quebrado, mañana ya lo sabrán. Mi voz llega también a los oídos duros. Parece, si no he oído mal, que entre los cristianos hay un afán de la verdad que llaman «la prueba de la fuerza». «La fe salva; *luego* ella es cierta». Cabe objetar a esto, por lo pronto, que precisamente eso de que la fe salva no está demostrado, sino tan solo prometido: la bienaventuranza está supeditada a la «fe», los fieles han de alcanzar la bienaventuranza *en virtud* de su fe... Pero ¿cómo puede demostrarse que efectivamente se cumple lo que el sacerdote promete a los fieles respecto al «más allá», sustraído a toda verificación? De suerte que la presunta «prueba de la fuerza» no es, a su vez, sino la fe en que no dejará de producirse el efecto que se atribuye a la fe. La fórmula correspondiente reza: «creo que la fe salva; *luego* ella es cierta». Pero este «luego» significa erigir el *absurdum* mismo en criterio verdadero. Mas suponiendo, con cierta indulgencia, que esté demostrado eso de que la fe salva (no solo deseado, no solo prometido por la boca un tanto dudosa del sacerdote): ¿sería la bienaventuranza —más técnicamente hablando, el *placer*— una prueba de la verdad? *No* lo es, hasta el punto de que cuando intervengan sentimientos de placer en la dilucidación de la cuestión: «¿qué es verdadero?», esto casi significa la refutación de la «verdad» y en todo caso autoriza a considerarla con máximo recelo. La prueba del «placer» es una prueba de «placer», nada más; ¿de dónde se saca que los juicios *ciertos* causan más placer que los falsos y de acuerdo con una armonía preestablecida necesariamente traen consigo sentimientos gratos?

La experiencia de todos los espíritus austeros y profundos enseña *lo contrario*. Se ha tenido que arrancar en duro forcejeo cada palmo de verdad; se ha tenido que sacrificar por él casi todo lo que es grato al corazón humano y nutre la confianza del hombre en la vida. Se requiere grandeza del alma; servir a la verdad es el servicio más duro. ¿Qué significa la *probidad* en las cosas del espíritu? ¡Significa ser riguroso con su corazón, despreciar los «sentimientos sublimes», hacer de cada sí y no un caso de conciencia.

La fe salva; *luego* miente...

~**51**~

Que la fe «salva» eventualmente; que la «salvación» no convierte una idea fija necesariamente en una idea cierta; que la fe no mueve montañas, pero *las levanta* allí donde no hay ninguna, es algo de lo que cualquiera se convence realizando una breve recorrida por cualquier *manicomio. No* convence, por cierto, al sacerdote; pues este niega por instinto que la enfermedad sea una enfermedad y el manicomio un manicomio. El cristianismo *necesita* la enfermedad, más o menos del mismo modo que el helenismo ha menester un excedente de salud; *enfermar* es el propósito subyacente propiamente dicho de todo el sistema terapéutico de la Iglesia. Y la Iglesia misma ¿no es el manicomio católico como ideal último? ¿No aspira ella a convertir el globo entero en un manicomio? El hombre religioso, como lo quiere la Iglesia, es un típico *décadent*; todas las épocas en que un pueblo se debate en una crisis religiosa se caracterizan por epidemias nerviosas; el «mundo interior» del hombre religioso se parece en un todo al «mundo interior» de los sobreexcitados y agotados; los «estados supremos» que el cristianismo ha suspendido como valor de los valores sobre la humanidad son formas epileptoides; la Iglesia ha canonizado exclusivamente a locos o grandes embusteros *in majorem dei honorem*... En una oportunidad me he permitido calificar todo el *training* [entrenamiento] cristiano de penitencia y redención (para cuyo estudio se presta hoy día en particular Inglaterra) de *folie circulaire [locura circular]* metódicamente provocada, por supuesto que en una tierra propicia, vale decir, totalmente morbosa. Nadie está en libertad de abrazar el credo cristiano; al cristianismo no se es «convertido»; hay que estar lo suficientemente enfermo para poder ser un cristiano... Nosotros, los otros, que tenemos valor suficiente para ser sanos, y también para despreciar, ¡cuán profundamente nos es dable despreciar una religión que ha enseñado a entender mal el cuerpo!, ¡que se aferra a la superchería referente al alma!, ¡que señala la alimentación insuficiente como un «mérito»!, ¡que combate la salud teniéndola por una especie de enemigo, diablo y tentación!, ¡que se ha imaginado que cabe un «alma perfecta» en un cuerpo hecho un cadáver y para tal fin tenía que inventar un concepto nuevo de la «perfección», un ser anémico, enclenque, estúpidamente exaltado, la llamada «santidad»; ¡santidad: a su vez una sintomatología del cuerpo empobrecido, enervado, irremediablemente arruinado!... El movimiento cristiano, como movimiento europeo, es desde un principio un movimiento global de toda clase de escoria y desecho (que a través del cristianismo quiere adueñarse del poder). *No* expresa la decadencia de una raza, sino que es un conglomerado de formas de la *décadence* de variada procedencia, que se buscan y se concentran. Lo que hizo posible al cristianismo *no* fue la corrupción del mundo antiguo mismo, de la antigüedad *aristocrática*, como se cree comúnmente; nunca se condenará con suficiente rigor la idiotez erudita que sostiene todavía punto de vista semejante. Precisamente en los tiempos en que en todo el Imperio romano se cristianizaron las masas enfermas y corruptas del bajo pueblo, el *tipo opuesto*, el aristocratismo, hallaba su expresión más plena y hermosa. Se impuso la compacta mayoría; triunfó el democratismo de los instintos cristianos... El cristianismo no era «nacional», no estaba racialmente determinado; se dirigía a todos los desheredados de la vida y tenía sus aliados en todas partes. La *rancune** básica de los enfermos, el instinto, ha sido vuelto por el cristianismo *contra* los santos, *contra* la salud. Todo lo bien nacido, orgulloso y soberbio, sobre todo la belleza, lastima su vista y oídos. Llamo una vez más la atención sobre estas palabras inestimables de Pablo: «Dios ha escogido a los *necios* según el mundo, a los *flacos* del mundo y a las cosas *viles* y *despreciables* del mundo»; *tal* era la fórmula, bajo este signo triunfó la *décadence. Dios clavado en la cruz*; ¿todavía no se comprende la pavorosa segunda intención de este símbolo?: todo lo que sufre, todo lo que está clavado en la cruz, es *divino*... Todos nosotros estamos clavados en la cruz, por consiguiente, somos divinos..., únicamente nosotros somos divinos... El advenimiento del cristianismo fue un triunfo. El cristianismo es la mayor desgracia que se ha abatido jamás sobre la humanidad.

---

* Rencor.

~52~

El cristianismo es también incompatible con toda *buena constitución espiritual*; solo la razón enferma le sirve como razón cristiana; toma la defensa de toda imbecilidad, fulmina su anatema contra el «espíritu», contra la *superbia* del espíritu sano. Dado que la enfermedad forma parte de la esencia del cristianismo, también el estado típicamente cristiano, «la fe», no puede por menos que ser una modalidad patológica, y la Iglesia no puede por menos que denunciar todos los caminos derechos, honrados, científicos del conocimiento como caminos *prohibidos*. La misma duda es un pecado... La falta absoluta de limpieza psicológica del sacerdote, tal como se advierte en el mirar, es una consecuencia de la *décadence*; obsérvese en las mujeres histéricas y, por otra parte, en los niños raquíticos la regularidad con que la falsía por instinto, la propensión a la mentira, por el gusto de mentir, la incapacidad para el mirar y avanzar recto, es la expresión de *décadence*. La «fe» significa *negarse* a saber la verdad. El pietista, el sacerdote de ambos sexos, es falso *porque* es enfermo; su instinto *exige* que la verdad no prevalezca en punto alguno. «Lo que enferma es *bueno*; lo que proviene de la plenitud, de la superabundancia, del poder, es *malo*», he aquí cómo siente el fiel. *El no poder menos que mentir* es el rasgo en que se me revela cualquier teólogo predestinado.

Otra característica del teólogo es su *incapacidad para la filología*. Por filología ha de entenderse aquí, en un sentido muy lato, el arte de bien leer, de poder leer los hechos *sin* falsearlos a través de la interpretación, sin perder, de tanto ansiar comprensión, la prudencia, la paciencia y la delicadeza. La filología como *efexis* en la interpretación, ya se trate de libros o de informaciones periodísticas, de destinos o de datos meteorológicos, para no decir nada de la «salvación del alma»... La forma como el teólogo, en Berlín o en Roma, interpreta la «palabra de la Escritura» o los acontecimientos, por ejemplo una victoria del ejército nacional, a la luz superior de los salmos de David, siempre es tan *osada* que el filólogo se vuelve loco. ¡Y no se diga los pietistas y otros burros de Suabia por el estilo en que transforman la mísera estrechez y trivialidad de su existencia con ayuda del «dedo de Dios» en un milagro de «gracia», «providencia» y «bienaventuranzas»! Con un poquito de ingenio, para no decir de *decencia*, esos intérpretes debieran convencerse de lo absolutamente pueril e indigno de semejante abuso de la destreza divina. Con un poquito de piedad, un Dios que en el momento oportuno corta el resfrío o lo induce a uno a subir al coche en el instante preciso en que empieza a llover a cántaros debiera suponerse un Dios tan absurdo como para ser abolido, caso de que existiera. Un Dios como sirviente, como cartero, como guardián del calendario; en definitiva, una palabra que designa el más estúpido de los azares... La «divina Providencia», tal como todavía hoy la suponen en la «Alemania culta» de tres personajes uno, sería la objeción más terminante contra Dios que pueda imaginarse. ¡Y en todo caso es una objeción contra los alemanes!...

~53~

_____

Que los *mártires* demuestren la verdad de una causa es una creencia tan falsa que me inclino a creer que jamás mártir alguno ha tenido que ver con la verdad. El mismo acento con que el mártir arroja al mundo a la cabeza su credo fanático, expresa un grado tan bajo de probidad intelectual, un sentido tan pobre de la «verdad», que huelga refutarlo. La verdad no es algo que tenga tal o cual persona; piensan de tal manera a lo sumo los patanes, o los apóstoles de patanes al modo de Lutero. Cabe afirmar que en función del grado de escrupulosidad en las cosas del espíritu aumenta la modestia y moderación discreta en esta materia. Corresponde *saber* cinco cosas y desechar con mano delicada cualquier otro saber... La «verdad», tal como la entiende cualquier profeta, sectario, librepensador, socialista y teólogo, es una prueba terminante de que no se tiene ni pizca de esa disciplina del espíritu y autosuperación que se requieren para encontrar siquiera una pequeña, minúscula verdad. Los martirios, dicho sea de paso, han sido una gran desgracia en la historia, pues *seducían*... La conclusión de todos los imbéciles, las mujeres y el vulgo inclusive, en el sentido de que una causa en aras de la cual uno sacrifica su vida (y, sobre todo, una que, como el cristianismo primitivo, provoca epidemias de anhelo de la muerte) ha de ser verdadera; esta conclusión ha sido una poderosísima traba para la crítica, para el espíritu de la crítica y la cautela. Los mártires han hecho *daño* a la verdad... Todavía hoy, la persecución sañuda basta para prestigiar cualquier movimiento sectario en sí indiferente. ¿Es posible que el sacrificio por una causa pruebe el valor de dicha causa? Todo error prestigiado es un error que posee un poder de seducción más. Las causas se las refuta poniéndolas respetuosamente entre hielo; del mismo modo se refuta también al teólogo... La estupidez trascendental de todos los perseguidores ha sido precisamente aureolar la causa contraria de aparente prestigio, obsequiarla con la seducción del martirio... Todavía hoy la mujer se postra ante un error porque se le ha dicho que alguien murió crucificado por él. *¿Es la cruz por ventura un argumento?* Mas acerca de todas estas cosas uno solo ha dicho la palabra que desde hace miles de años debió decirse: *Zaratustra.*

«Con caracteres de sangre trazaban signos en su camino, y su insensatez enseñaba que por la sangre se demostraba la verdad.

«Sin embargo, la sangre es el peor testigo de la verdad; envenena la sangre aun la doctrina más pura, trocándola en obcecación y odio de los corazones.

»Y si uno se arrojase a las llamas por su doctrina, ¡qué probaría! Más importante es, en verdad, que de la propia brasa surja la propia doctrina» (VI, 134).

~54~

_____

Digan lo que digan, los espíritus grandes son escépticos. Zaratustra es un escéptico. La fuerza, la *libertad* nacida en la fuerza y plenitud del espíritu, *se prueba* por el escepticismo. Los hombres de convicción no cuentan para las cuestiones fundamentales de valor. Las convicciones son cárceles. Esa gente no ve suficientemente a distancia, no ve *debajo* de sí; mas para tener derecho a opinar acerca del valor y desvalor es preciso ver quinientas convicciones *debajo* de sí, *tras* sí... Todo espíritu que persiga un fin grande y diga sí a los medios conducentes al logro del mismo es por fuerza escéptico. El no estar atado a ninguna convicción, el estar capacitado para el mirar soberano, es un atributo de la fuerza. La gran pasión, fondo y poder de su ser, aún más esclarecida y despótica que él mismo, acapara todo su intelecto; ahuyenta los escrúpulos y le infunde valor para apelar incluso a medios impíos; eventualmente le *concede* convicciones. La convicción como *medio*: muchas cosas se las logra únicamente mediante una convicción. La gran pasión necesita y consume convicciones; no se les somete, tiene conciencia de su soberanía. A la inversa, la necesidad de fe, de algún sí y no absoluto, el carlylismo (¡valga el término!), es una necesidad dictada por la *debilidad*. El hombre de la fe, el «fiel», de cualquier índole, es necesariamente un hombre dependiente, uno que no es capaz de establecerse *a sí mismo* como fin, de establecer fin alguno por su cuenta. El «fiel» no se pertenece a sí propio; solo puede ser un medio, tiene que ser *consumido*, necesita de alguien que lo consuma. Su instinto exalta la moral de la alienación de sí mismo; a ella lo persuade todo: su cordura, su experiencia, su vanidad. Toda fe es de por sí una expresión de alienación de sí mismo, de abdicación del propio ser... Si se considera la necesidad que tienen los más de una norma que desde fuera los ate y sujete; que la coerción, en un sentido superior de *esclavitud,* es la condición única y última bajo la cual prospera el individuo de voluntad débil, sobre todo la mujer, se comprende también la convicción, la «fe». El hombre de la convicción tiene en esta su apoyo y arrimo. *No* ver muchas cosas, no ser desprejuiciado en punto alguno, sino ser en un todo facción, aplicar a todas las cosas una óptica estricta y necesaria, he aquí las premisas sin las cuales tal tipo humano no podría existir. Ahora bien, esto significa ser el antípoda, *el antagonista* del veraz, de la verdad... Al «fiel» ni le es permitido tener una conciencia respecto a «verdadero» y «falso»; ser honesto en *este* punto significaría su ruina inmediata. Su óptica patológicamente condicionada hace del convencido un fanático —Savonarola, Lutero, Rousseau, Robespierre, Saint-Simon—, el tipo contrario del espíritu fuerte, libertado. Mas la gran postura de estos espíritus *enfermos,* de estos epilépticos del concepto, sugestiona a las masas; los fanáticos son pintorescos, y los hombres prefieren ver gestos a escuchar razones...

~55~

Demos un paso más hacia adelante en la psicología de la convicción, de la «fe». Hace mucho planteé la cuestión de si las convicciones no son enemigas más peligrosas de la verdad que las mentiras *(Humano, demasiado humano* I, afs. 54 y 483). En este momento deseo formular esta pregunta decisiva: ¿existe, en definitiva, un contraste entre la mentira y la convicción? Todo el mundo cree que sí; pero ¡qué no cree todo el mundo! Toda convicción tiene su historia, sus formas preliminares, sus tentativas y yerros; llega a ser una convicción después de mucho tiempo de *no* haberlo sido y tras un tiempo más largo aún en que lo ha sido *a duras penas*. ¿Cómo?, ¿no es posible que entre estas formas embrionarias de la convicción figure también la mentira? A veces todo es cuestión de un mero cambio de persona: en el hijo tórnase en convicción lo que en el padre ha sido aún mentira. Yo llamo mentira empeñarse en *no* ver lo que se ve, dando igual que la mentira se produzca ante testigos o sin testigos. La mentira más corriente es aquella con que uno se miente a sí mismo; mentir a otros es, relativamente, la excepción. Ahora bien, este empeñarse en *no* ver lo que se ve, este empeñarse en no ver *tal cual* se ve, cabe decir que es la premisa capital de todos los que son *facción*, en cualquier sentido; el hombre partidario miente por fuerza. Los historiadores alemanes, por ejemplo, están convencidos de que Roma encarnaba el despotismo y que los germanos han obsequiado al mundo el espíritu de la libertad; ¿qué diferencia hay entre esta convicción y la mentira? ¿Es de extrañar que todo lo que es facción, el historiador alemán inclusive, baraje por instinto las palabras sonoras de la moral; que casi pueda decirse que la moral *subsiste* en virtud del hecho de que el hombre partidario, de cualquier índole, le ha menester en todo momento? «Tal es *nuestra* convicción; la proclamamos a los cuatro vientos, vivimos y morimos por ella; ¡respeto a todo el que tiene convicciones!». Palabras parecidas las he escuchado hasta de labios antisemitas. ¡Al contrario, señores! Un antisemita, no por mentir por principio es más decente... Los sacerdotes, que en tales casos son más sutiles y se dan cuenta plena de la objeción que implica el concepto de la convicción, esto es, de la mendacidad fundamental y metódicamente practicada, por conveniente, han hecho suya la habilidad judía de intercalar en este punto los conceptos «Dios», «voluntad de Dios» y «revelación de Dios». Kant adoptó el mismo temperamento, con su imperativo categórico; en esto, su razón se hizo práctica. Cuestiones hay donde *no* es permitido al hombre decidir sobre verdad y falsedad; todas las cuestiones supremas, todos los problemas supremos del valor se hallan más allá de la razón humana... Comprender los límites de la razón; he ahí la verdadera filosofía... ¿Para qué dio Dios al hombre la revelación? ¿Haría Dios algo superfluo? El hombre no es capaz de discernir por sí solo entre el bien y el mal, por esto Dios le enseñó su voluntad... Moraleja: el sacerdote *no* miente; en las cosas de que hablan los sacerdotes no se plantea la cuestión de lo «verdadero» y lo «falso»; estas cosas ni permiten mentir. Pues la mentira presupone la facultad de discernir lo verdadero; sin embargo, el hombre *no posee* esta facultad, de lo cual se infiere que el sacerdote no es sino el portavoz de Dios. Tal silogismo sacerdotal no es en modo alguno específicamente judío o cristiano; el derecho a la mentira y el *truco* de la «revelación» son propios de todos los sacerdotes, de los de la *décadence* no menos que de los del paganismo (pues son paganos todos los que dicen sí a la vida, para los cuales «Dios» es la palabra que designa el magno sí a todas las cosas). La «ley», la «voluntad de Dios», la «Sagrada Escritura», la «inspiración», palabras que expresan sin excepción las condiciones bajo las cuales el sacerdote llega a dominar y mediante las cuales asegura su dominio; estos conceptos constituyen la base de todas las organizaciones sacerdotales, de todos los señoríos sacerdotales o filosófico-sacerdotales. La «santa mentira», que Confucio, el Código de Manú, Mahoma y la Iglesia cristiana tienen de común, no falta tampoco en Platón. «Es dada la verdad»: significa esto, dondequiera que se afirme, *que el sacerdote miente...*

~56~

En última instancia, todo depende del *fin* de la mentira. El que en el cristianismo falten los fines «santos» es *mi* objeción contra sus medios. No hay en él más que fines *malos*: el emponzoñamiento, detracción y negación de la vida, el desprecio hacia el cuerpo, la degradación y autoviolación del hombre por el concepto del pecado; *luego* también sus medios son malos. Experimento el sentimiento contrario al leer el Código de Manú, una obra tan incomparablemente espiritual y superior, que *mencionarla* al mismo tiempo que la Biblia sería un pecado contra el espíritu. Adivínase enseguida que tiene por fondo y esencia una verdadera filosofía, no tan solo una maloliente judaina compuesta de rabinismo y superchería; ni aun el más refinado psicólogo se queda aquí con las manos vacías. No se olvide lo principal, la discrepancia fundamental con cualquier tipo de Biblia: en este Código, las castas *aristocráticas*, los filósofos y los guerreros, dan la pauta a las masas; señorean en todos los órdenes valores aristocráticos, un sentimiento de perfección, un decir sí a la vida, un goce triunfante de sí mismo y de la vida; todo este libro está bañado en sol. Todas las cosas que el cristianismo hace víctimas de su inenarrable vileza, como la procreación, la mujer y el matrimonio, aquí son tratadas con seriedad y veneración, con amor y confianza. Como para poner en manos de niños y mujeres un libro que contiene esta frase infame: «por evitar la fornicación viva cada uno con su mujer, y cada una con su marido...; más vale casarse que abrasarse». ¿Y es permitido ser un cristiano mientras la génesis del hombre esté cristianizada, esto es, envilecida por el concepto de la *inmaculata conceptio*?... No conozco libro alguno donde se digan acerca de la mujer tantas cosas delicadas y bondadosas como en el Código de Manú; esos ancianos y santos saben tener con la mujer una gentileza jamás igualada. «La boca de la mujer», reza determinado pasaje, «el seno de la doncella, la oración del niño y el humo del holocausto siempre son puros». Y otro pasaje: «Nada hay tan puro como la luz del sol, la sombra de la vaca, el aire, el agua, el fuego y el aliento de la doncella». Y he aquí un tercer pasaje, tal vez otra santa mentira: «Todos los orificios del cuerpo del ombligo para arriba son puros, todos los del ombligo para abajo son impuros. Solo el cuerpo de la doncella es puro en su totalidad.

~ 57 ~

Se sorprende *in flagranti* [en acto flagrante] la *impiedad* de los medios cristianos comparando el fin cristiano con el fin del Código de Manú; arrojando una luz cruda sobre este máximo contraste de fines. El crítico del cristianismo se ve obligado, quiera o no, a *denigrar* al cristianismo. Un código como el de Manú se origina como todo código bueno: sintetiza la experiencia, sabiduría y moral experimental de muchas centurias; resume, ya no crea nada. La premisa de una codificación de esta índole es la comprensión de que los medios por los que se confiere autoridad a una *verdad* ardua y costosamente adquirida son radicalmente distintos de aquellos que servirían para demostrarla. Ningún código consigna la utilidad, las razones, la casuística con respecto a los antecedentes de tal ley; pues esto significaría perder el acento de imperativo, el «tú debes», la premisa del acatamiento. El problema reside justamente en esto. En determinado punto de la evolución de un pueblo, la capa más perspicaz del mismo, esto es, aquella cuya mirada se adentra más profundamente en el pasado y el futuro, declara cerrada la experiencia según la cual debe —vale decir *puede*— vivirse. Su propósito es recoger una cosecha lo más abundante e íntegra posible de los tiempos de experimentación y de la *mala* experiencia; en adelante debe, pues, impedirse ante todo que continúe la experimentación; que subsista el estado fluctuante de los valores, la indagación, selección y crítica de los valores *in finitum.* Se pone a esto un doble dique: de un lado, la *revelación,* o sea, la afirmación de que la razón inherente a esas leyes *no* es de origen humano, no ha sido buscada y encontrada poco a poco y tras una larga serie de yerros, sino que, siendo de origen divino, es cabal, perfecta, algo que no tiene historia, un regalo, un milagro, algo tan solo comunicado..., y del otro, la *tradición,* o sea, la afirmación de que la ley existe desde antiguo y que ponerla en tela de juicio es una falta de piedad, un crimen contra los antepasados. La autoridad de la ley se asienta en esta tesis: Dios la ha *instituido* y los antepasados la han *vivido.* La razón superior de tal procedimiento reside en el propósito de alejar la conciencia paso a paso de la vida reconocida como justa (esto es, probada por una experiencia tremenda y rigurosamente tamizada) con objeto de conseguir el automatismo absoluto de los instintos, esa premisa de toda maestría, de toda perfección en el arte de vivir. Redactar un código como el de Manú significa brindar a un pueblo en lo sucesivo la oportunidad de llegar a ser maestro, de alcanzar la perfección, de aspirar al supremo arte de vivir. *Para este fin, hay que volverlo inconsciente;* tal es el propósito subyacente a toda santa mentira. El *régimen de castas,* la ley suprema, dominante, no es sino la sanción de un régimen natural, una legalidad natural de primer orden con que no puede ningún antojo, ninguna «idea moderna». En toda sociedad sana se diferencian y se condicionan mutuamente tres tipos de distinta gravitación fisiológica, cada uno con su propia higiene, su propia esfera de trabajo, su propio sentimiento de perfección y su propia maestría. La Naturaleza, *no* Manú, diferencia el tipo de predominante intelectualidad, el tipo que prevalece la fuerza muscular y temperamental y aquel que no se distingue ni por lo uno ni por lo otro, o sea, el de los mediocres; este último tipo como vasta mayoría y aquellos como tipos selectos. La casta más alta, la llamo *los menos* por ser la perfecta, posee también las prerrogativas de los menos, entre las cuales figura la de encarnar la ventura, la belleza y la bondad sobre la tierra. Solo a los hombres más espirituales es permitida la belleza, lo bello; solo en ellos la bondad no es debilidad. *Pulchrum est paucorum hominum*: lo bueno es una prerrogativa. En cambio, nada es tan inadmisible en ellos como los modales groseros o la mirada pesimista, ojos que *afean*, cuando no una actitud de indignación ante el aspecto total de las cosas. La indignación es una prerrogativa de los *tshandalas*, como lo es también el pesimismo. «*El mundo es perfecto*», dice el instinto de los más espirituales, el decir si, «y la imperfección, el ser *inferior* a nosotros en cualquier sentido, la distancia jerárquica, el *pathos* de la distancia jerárquica, y aun el *tshandala*, forman parte de esta perfección». Los hombres más espirituales, por ser los más fuertes, hallan su ventura, en lo que para otros significaría la ruina: en el laberinto, en la dureza consigo mismo y con los demás, en el ensayo; su goce es la victoria sobre sí mismo; en ellos, el ascetismo se torna en segunda naturaleza, necesidad íntimamente sentida e instinto. La tarea difícil se les antoja una prerrogativa y jugar con cargas bajo las cuales los demás se desplomarían, un *solaz*... El conocimiento es una modalidad del ascetismo. Los hombres más espirituales son el tipo humano más vulnerable, lo cual no obsta para que sean el más alegre y gentil. Señorean, no porque se lo propongan, sino porque *son*; les está vedado no ser los primeros. Los *segundos* son los guardianes del derecho, los que velan por el orden y la seguridad, los nobles guerreros, ante todo el propio *rey*, como fórmula suprema de guerrero, juez y campeón de la ley. Los segundos son los órganos ejecutivos de los más espirituales, lo más afines a ellos, aquello que en el nombre de ellos se hace cargo de todo lo pesado de las tareas de gobierno; su séquito, su brazo derecho, la flor de sus discípulos. En todo esto, repito, no hay ni pizca de arbitrariedad ni de artificio; lo que *difiere* es artificioso, supone una antinaturalidad... El régimen de castas, el *orden jerárquico,* simplemente formula la ley suprema de la vida misma; la diferenciación de los citados tres tipos es necesaria para el desenvolvimiento de la sociedad y el desarrollo de tipos superiores y supremos; la *desigualdad* de derechos, por otra parte, es la premisa de que haya derechos.

Un derecho es una prerrogativa. En su propio modo de ser cada cual posee su propia prerrogativa. No subestimemos las prerrogativas de los *mediocres.* Conforme aumenta la *altura,* la vida es cada vez más dura: va en aumento el frío, y la responsabilidad. Toda cultura elevada es una pirámide; necesita asentarse en una ancha base; su requisito primordial es una mediocridad fuerte y sanamente consolidada. El artesanado, el comercio, la agricultura, la *ciencia,* la mayor parte del arte, todo lo que se designa con la palabra «actividad profesional», exige un término medio en las aptitudes y los afanes; todo esto estaría fuera de lugar entre los hombres excepcionales, el correspondiente instinto sería incompatible tanto con el aristocratismo como con el anarquismo. El ser una utilidad pública, una rueda del engranaje, una función, es destino; *no* la sociedad, sino el tipo de *felicidad* accesible a los más hace de estos máquinas inteligentes. Para el mediocre la mediocridad es una felicidad, y la maestría específica, la especialidad, un instinto natural. Sería absolutamente indigno del espíritu profundo considerar la mediocridad en sí como una objeción. Ella es la premisa capital de que pueda haber excepciones; toda cultura elevada está condicionada por ella. Si el hombre excepcional da precisamente a los mediocres un trato más considerado que a sí mismo y a sus congéneres, obra no solo por cortesía y gentileza, sino en cumplimiento de su *deber*... ¿Quién me es más odioso entre la chusma de ahora? La chusma socialista, los apóstoles de los *tshandalas* que socavan el instinto del trabajador, la satisfacción y conformidad del trabajador con su existencia estrecha; que inculcan en él la envidia y le predican la venganza... La injusticia nunca reside en la desigualdad de derechos, sino en la reivindicación de «*igualdad*» de derechos... ¿Qué es lo malo? Ya lo dije: todo lo que proviene de la debilidad, la envidia y la *venganza*. El anarquista y el cristiano tienen un mismo origen...

~ 58 ~

En efecto, no es lo mismo mentir para conservar que mentir para *destruir*. Trazando un paralelo entre el *cristiano* y el *anarquista* puede verse que su propósito, su instinto, está orientado exclusivamente hacia la destrucción. La prueba de esta tesis no hay más que leerla en el libro de la historia, donde la misma se hace patente con una claridad pavorosa. Si acabamos de conocer una legislación religiosa cuya finalidad suprema era perpetuar la premisa capital de la vida *próspera*, una gran organización de la sociedad, el cristianismo ha encontrado su misión en poner fin a tal organización *porque en ella prosperaba la vida*. Allí la cosecha de cordura, de larga experimentación e incertidumbre, debía ser recogida tan abundante e íntegramente como fuera posible y aprovechada al máximo; aquí, por el contrario, se *envenenó* la cosecha de la noche a la mañana... Lo que estaba *aere perennius,* el Imperio romano, la más grandiosa organización que había existido jamás, en comparación con la cual todo lo anterior y todo lo posterior es chapucería y diletantismo, intentaron destruirla esos santos anarquistas con una empresa «pía»; intentaron destruir «el mundo», esto es, el Imperio romano, hasta que todo quedara deshecho; hasta que incluso germanos y otros patanes pudieron dar cuenta de él... El cristiano y el anarquista son *décadents*, incapaces de hacer otra cosa que disolver, emponzoñar, depauperar, desvitalizar; uno y otro personifican el instinto del *odio mortal* a todo lo que existe grande y perdurable, henchido de promesas de porvenir... El cristianismo fue el vampiro del Imperio romano; desbarató de la noche a la mañana la realización tremenda de los romanos: conquistar el terreno para una gran cultura que *tiene tiempo*. ¿No se comprende todavía lo que hay en todo esto? El Imperio romano que conocemos; que la historia de la provincia romana nos enseña a conocer cada vez mejor; esta obra de arte más admirable del gran estilo era un comienzo, su construcción debía justificarse en términos de milenios; ¡jamás se ha construido así, ni siquiera soñado con construir así, *sub specie aeterni*! [bajo la perspectiva eterna] Esta organización era lo suficientemente sólida para resistir los malos emperadores; el azar de las personas no debe intervenir en cosas semejantes: principio capital de todos los grandes arquitectos. Pero no era lo suficientemente sólida para resistir la forma *más corrupta* de la corrupción, al *cristiano*. Estos furtivos gusanos que con sigilo y ambigüedad atacaban a todos los individuos y les chupaban la seriedad para las *verdaderas* cosas, el instinto de las *realidades*, estos seres cobardes, afeminados y dulzones enajenaron paso a paso las «almas» a esta construcción ingente; la enajenaron esos elementos valiosos, viriles y aristocráticos que en la causa de Roma sentían su propia causa, su propia seriedad y su propio *orgullo*. La gazmoñería beata, el sigilo de convento, conceptos sombríos como infierno, sacrificio del inocente, *unio mystica* en la ingestión de la sangre y, sobre todo, *la brasa* lentamente atizada de la venganza, de la venganza *tshandala* —*esto* fue lo que acabó con Roma—, el mismo tipo de religión que en su forma preexistente se había opuesto a Epicuro. Léase a Lucrecio para comprender qué era lo que combatió Epicuro: *no* al paganismo, sino al «cristianismo», es decir, la corrupción de las almas por los conceptos de culpa, castigo e inmortalidad. Combatió los cultos *clandestinos*, todo el cristianismo latente; negar la inmortalidad equivalía en aquel entonces a consumar una verdadera *redención*. Y Epicuro hubiera triunfado; todos los espíritus respetables del Imperio romano eran epicúreos; entonces, de pronto, *apareció Pablo*... Pablo, el odio *tshandala* a Roma, al «mundo» hecho carne y genio; el judío; el judío eterno por excelencia... Adivinó que con ayuda del pequeño y sectario movimiento cristiano divorciado del judaísmo sería posible provocar una «conflagración»; que por el símbolo «Dios clavado en la Cruz» sería posible galvanizar todo lo subterráneo, furtivo y subversivo, todo el legado de manejos anarquistas dentro del Imperio, en un tremendo poder. «La salvación viene por los judíos». El cristianismo como fórmula para sobrepujar y compendiar los cultos clandestinos de toda índole, los de Osiris, la Gran Madre, y de Mithras, por ejemplo: en esta comprensión radica el genio de Pablo. En esto la seguridad de su instinto era tal que haciendo implacable violencia a la verdad puso los conceptos con los que fascinaban esas religiones para *tshandalas* en boca, y no solo en boca del «Salvador» de su propia invención; puesto que hizo de *él* algo que aun un sacerdote de Mithras era capaz de entender...

Tal fue su momento de Damasco: comprendió que *necesitaba* la creencia en la inmortalidad para desvalorizar «el mundo»; que el concepto «infierno» daría cuenta de Roma; que con el «más allá» *se mata* la vida... El nihilista y el cristiano marchan por el mismo camino...

~ 59 ~

_____

Toda la labor del mundo antiguo quedó así *desbaratada*; no encuentro palabras que expresen cabalmente el sentimiento que me embarga ante tan tremendo acontecimiento. ¡Y como esta labor había sido preliminar (solo se habían echado con granítico orgullo los cimientos para una labor de milenios), quedó desbaratado todo el *sentido* del mundo antiguo!... ¿Para qué los griegos?; ¿para qué los romanos? Ya se daban todas las premisas de una cultura erudita, todos los *métodos* científicos; ya estaba elaborado el sublime, el incomparable arte de bien leer; la premisa de una tradición de la cultura, de la unidad de la ciencia; las ciencias naturales, en alianza con las matemáticas y la mecánica, estaban óptimamente encaminadas; ¡el *sentido de la realidad fáctica,* este sentido último y más valioso, tenía sus escuelas y poseía una tradición multisecular! ¿Se comprende esto? Ya estaba encontrado todo lo esencial para ponerse a la tarea; los métodos —no me cansaré de recalcarlo— son lo esencial, también lo más arduo, asimismo lo que durante más tiempo tiene que enfrentar las costumbres e inercias. Lo que gracias a una penosísima victoria sobre nosotros mismos —que todos llevamos todavía en la sangre, de algún modo, los malos instintos, los cristianos—, hemos recuperado ahora; la mirada franca ante la realidad, la mano cautelosa, la paciencia y seriedad aun en el ínfimo pormenor, toda la *probidad* del conocimiento; ¡todo esto ya se dio!, ¡hace más de dos mil años ya! ¡Amén del tacto y gusto bueno, delicado! ¡*No* como adiestramiento cerebral! ¡*No* como ilustración «alemana» con modales de patán! Sino como cuerpo, ademán, instinto; en una palabra, como realidad... ¡*Todo en vano*! ¡Reducido de la noche a la mañana a un mero recuerdo! ¡Los griegos! ¡Los romanos! El aristocratismo del instinto, el buen gusto, la investigación metódica, el genio de la organización y la administración, la fe en el porvenir humano y la *voluntad* de realizarlo, el gran sí a todas las cosas; todo lo que era tangible para todos los sentidos, como Imperio romano; el gran estilo ya no como mero arte, sino tornado en realidad, verdad, *vida*... ¡Y no barrido de golpe por algún cataclismo! ¡No aplastado por germanos y otros «torpípedos» por el estilo!, ¡sino echado a perder por medrosos, furtivos e invisibles vampiros ávidos de sangre! ¡No vencido, sino tan solo desangrado!... ¡La venganza solapada, la envidia mezquina, erigida en ama! ¡Todo lo miserable, doliente y aquejado de malos sentimientos, todo el *ghetto* del alma, convertido *de golpe en norma y pauta*!... Basta leer a alguno de los agitadores cristianos, por ejemplo a San Agustín, para comprender, *oler*, qué suciedad se había logrado. Sería un craso error suponerles cortas luces a los jefes del movimiento cristiano; ¡oh, son muy inteligentes, dotados de una inteligencia que raya en santidad, esos padres de la Iglesia! Lo que les falta es otra cosa. La Naturaleza no ha sido generosa con ellos; les regateó un modesto acervo de instintos respetables, decentes, *limpios*... Entre nosotros, ni siquiera son hombres... Si el islamismo desprecia al cristiano, tiene mil veces derecho a tal actitud; pues el islamismo se basa en *hombres*...

~ 60 ~

El cristianismo desacreditó los frutos de la cultura antigua, y más tarde desacreditó también los frutos de la cultura islámica. La maravillosa cultura morisca en España, que en el fondo a nosotros nos es más afín, porque apela a *nuestro* espíritu y gusto en mayor grado que Roma y Grecia, fue aplastada (me callo por qué pies). ¿Por qué? ¡Porque reconocía como origen instintos aristocráticos, viriles; porque decía sí a la vida aun con todas las exquisiteces raras y refinadas de la vida mora!... Los cruzados lucharon más tarde contra algo que debían haber adorado: contra una cultura frente a la cual hasta nuestro siglo xix será una cosa muy pobre, muy «tardía». Claro que ansiaban botín; el Oriente era rico... ¡Seamos bastante sinceros para admitir que las cruzadas no fueron más que una piratería superior! La nobleza alemana, una nobleza *viking*, en definitiva, estaba entonces en su elemento; la Iglesia sabía muy bien en virtud de qué se tiene nobleza alemana... Los nobles alemanes siempre han sido los «suizos» de la Iglesia, siempre han estado al servicio de todos los malos instintos de la Iglesia, pero *bien remunerados*... ¡Por eso, con ayuda de espadas alemanas, sangre y valentía alemanas, la Iglesia ha librado su guerra sin cuartel a todo lo aristocrático de la tierra! He aquí un punto que plantea no pocos interrogantes dolorosos. La nobleza alemana está poco menos que *ausente* en la historia de la cultura superior; se adivina la razón de que sea así... El cristianismo y el alcohol; los dos *grandes* medios de la corrupción... En sí no puede haber dudas sobre el partido que tomar, ni ante islamismo y cristianismo, ni menos ante árabe y judío. La cosa está decidida; nadie está aquí en libertad de elegir. O se es un *tshandala* o *no se* es un *tshandala*... «¡Guerra sin cuartel a Roma! ¡Paz y amistad con el islamismo!». Así sintió y *obró* Federico II, ese gran librepensador, el genio de los emperadores alemanes. ¿Cómo?, ¿es que un alemán ha de ser genio, librepensador, para sentir de una manera *decente*? No comprendo que jamás alemán alguno haya sido capaz de sentir de una manera *cristiana*...

~ 61 ~

En este punto es preciso actualizar un recuerdo cien veces aún más penoso para los alemanes. Los alemanes han defraudado a Europa con la última grande cosecha cultural que se le brindaba, la del Renacimiento. ¿Se comprende, se está dispuesto a comprender, por fin, qué cosa fue el Renacimiento? *Fue la transmutación de los valores cristianos,* la tentativa, emprendida por todos los medios, apelando a todos los instintos, a todo el genio, de llevar a su plenitud los valores *contrarios,* los valores *aristocráticos...* No ha habido hasta ahora más que *esta* gran guerra; no ha habido planteo más decisivo que el del Renacimiento; *mi* cuestión es la de él. ¡No ha habido tampoco ataque más directo, lanzado más estrictamente en toda la línea y apuntado al mismo centro! Atacar en el punto decisivo, en la propia sede del cristianismo, y entronizar en ella los valores *aristocráticos,* esto es, injertarlos en los instintos, en las más soterradas necesidades y apetencias de sus ocupantes... Percibo una *posibilidad* henchida de inefable encanto y sugestión: dijérase que rutila con todos los estremecimientos de refinada belleza; que opera en ella un arte tan divino, tan diabólicamente divino, que en vano se recorren milenios en busca de otra posibilidad semejante. Percibo un espectáculo tan pleno de significación a la vez que maravillosamente paradojal, que todas las divinidades del Olimpo hubieran tenido un motivo para prorrumpir en una risa inmortal: *Cesare Borgia como papa*... ¿Se me comprende?... Pues este hubiera sido el triunfo por mí ansiado: ¡así hubiera quedado *abolido* el cristianismo! ¿Qué ocurrió? Un monje alemán llamado Lutero vino a Roma. Este monje, aquejado de todos los instintos rencorosos del sacerdote fallido, se sublevó en Roma contra el Renacimiento... En lugar de comprender, embargado por la más profunda gratitud, lo tremendo que había ocurrido: la superación del cristianismo en su propia sede, solo supo extraer de este espectáculo alimento para su odio. El hombre religioso solo piensa en sí mismo. Lutero denunció la *corrupción* del papado, cuando era harto evidente lo contrario, o sea, que la antigua corrupción, el pecado original, el cristianismo, ya no ocupaba el solio pontificio. ¡Sino la vida!; ¡el triunfo de la vida!; ¡el magno sí a todas las cosas sublimes, hermosas y audaces!... Y Lutero *restauró* la Iglesia, atacándola... ¡El Renacimiento, un acontecimiento sin sentido, un esfuerzo fallido! ¡Lo que nos han costado esos alemanes en el transcurso de los siglos! En vano; puesto que tal ha sido siempre la obra de los alemanes. La Reforma, Leibniz, Kant y la llamada filosofía alemana, las guerras de «liberación», el Reich, cada vez más inútil para algo ya existente, para algo *irrecuperable*... Confieso que esos alemanes son *mis* enemigos: desprecio en ellos la falta de limpieza conceptual y valorativa, la *cobardía* ante todo honesto sí y no. Desde hace casi un milenio han enredado y embrollado todo lo que tocaron; tienen sobre la conciencia todas las cosas a medio hacer. ¡Y ni a medio hacer!, de que está aquejada Europa; tienen sobre la conciencia también, la forma más sucia, más incurable, más irrefutable del cristianismo que existe: el protestantismo... Si no se logra acabar con el cristianismo, los *alemanes* tendrán la culpa...

~ 62 ~

He llegado al final y pronuncio mi veredicto. *Declaro culpable* al cristianismo, formulo contra la Iglesia cristiana la acusación más terrible que ha sido formulada jamás por acusador alguno. Se me aparece como la corrupción más grande que pueda concebirse; ha optado por la máxima corrupción posible. La Iglesia cristiana ha contagiado su corrupción a todas las cosas; ha hecho de todo valor un sinvalor, de toda verdad una mentira y de toda probidad una falsía de alma. ¡Como para hablarme de sus beneficios «humanitarios»! *Abolir* un apremio, cualquiera que fuese, era necesario a su más fundamental conveniencia; vivía ella de apremios; *creaba* ella apremios para perpetuarse... ¡Con el gusano roedor del pecado, por ejemplo, la Iglesia ha obsesionado a la humanidad! La «igualdad de las almas ante Dios», esa patraña, este *pretexto* para las *rancunes* de todos los hombres de mentalidad vil, este concepto explosivo que por último se ha traducido en revolución, idea moderna, y principio de decadencia de todo el orden social, es simplemente dinamita *cristiana*... ¡Beneficios «humanitarios» del cristianismo! ¡Se ha desarrollado de la *humanitas* una contradicción intrínseca, un arte de la autoviolación, una voluntad de mentira a cualquier precio, una aversión y desprecio hacia todos los instintos buenos y decentes! ¡Vaya unos beneficios del cristianismo!

El parasitismo es la *práctica exclusiva* de la Iglesia; con su ideal de anemia, de «santidad», chupa toda sangre, todo amor, toda esperanza en la vida; el más allá como voluntad de negación de toda realidad; la cruz como signo de la conspiración más solapada que se ha dado jamás, contra la salud, la belleza, la plenitud, la valentía, el espíritu y la *bondad* del alma; *contra la misma vida...*

Esta acusación eterna contra el cristianismo la quiero escribir en todas las paredes: yo tengo un alfabeto aun para los ciegos... Llamo al cristiano *la* gran maldición, *la* gran corrupción soterrada, *el* gran instinto de la venganza para el cual ningún medio es bastante pérfido, furtivo, subrepticio y *mezquino; le llamo,* en resumen, *el* borrón inmortal de la humanidad.

¡Y eso que he tomado como punto de partida de la cronología el *dies nefastus* en que comenzó esta fatalidad, el *primer* día del cristianismo!, *como punto de partida el último, ¿el de hoy?* ¡La transmutación de todos los valores!...

Fin de
«El Anticristo»

~Ley contra el Cristianismo~

Otorgada el día de la salvación, primer día del año uno (30 de septiembre de 1888 en el falso cómputo del tiempo).

Guerra a muerte contra el vicio: el vicio es el cristianismo

Artículo primero. -Será viciosa cualquier forma de contranaturaleza. El tipo más vicioso de persona es el sacerdote: él *enseña* la contranaturaleza. Contra el sacerdote no se tienen razones, se tiene la cárcel.

Articulo segundo. -Toda participación en un servicio religioso es un atentado contra la moralidad pública. Hay que ser más duro con los protestantes que con los católicos, más duro con los protestantes liberales que con los creyentes estrictos. El rasgo criminal en el cristianismo aumenta en la medida en que uno se aproxima a la ciencia. El criminal de los criminales es, por consiguiente, el *filósofo*.

Artículo tercero. -El lugar maldito en que el cristianismo ha incubado sus huevos de basilisco debe ser arrasado y, como lugar infame de la tierra, se convertirá en el terror de la posteridad. En él hay que criar serpientes venenosas.

Articulo cuarto. -La predicación de la castidad es una incitación pública a la contranaturaleza. Todo desprecio de la vida sexual, toda suciedad de la misma causada por el concepto de «impuro», supone el auténtico pecado contra el sagrado espíritu de la vida.

Artículo quinto. -Comer en la misma mesa que un sacerdote excluye: al hacerlo, uno se excomulga de la sociedad honrada. El sacerdote es *nuestro* chandala, —debe ser proscrito, hay que matarlo de hambre, expulsarlo a toda clase de desierto.

Artículo sexto. -Debe llamarse a la historia «sagrada» con el nombre que se merece: historia *maldita*; hay que utilizar las palabras «Dios», «salvador», «redentor», «santo» como insultos, como emblemas criminales.

Artículo séptimo. -El resto se deduce de lo anterior.

El Anticristo

Otros títulos
de la colección

- *La genealogía de la moral.* Frederich Niettzsche.
- *El crepúsculo de los ídolos.* Frederich Niettzsche.
- *Planilandia.* E.A. Abbott.
- *El sometimiento de las mujeres.* John Stuart Mill.
- *Meditaciones.* Marco Aurelio.
- *Sobre la felicidad. Sobre la brevedad de la vida.* Séneca.
- *1984.* George Orwell.
- *Rebelión en la granja.* George Orwell.
- *Sobre la amistad, la vida y la muerte.* Séneca.
- *Manual de estoicismo.* Epicteto.
- *Sobre la libertad.* John Stuart Mill.
- *El arte de la prudencia.* Baltasar Gracián.
- *Historia.* Heródoto